GUIDE

DU

VÉRIFICATEUR

à l'usage

DES EMPLOYÉS DE L'OCTROI

DE BORDEAUX

PAR

Émeric VIAU

Contrôleur divisionnaire

Deuxième édition

BORDEAUX

IMPRIMERIE CENTRALE A. DE LANEFRANQUE

23-25, rue Permentade, 23-25

1872

GUIDE

DU

VÉRIFICATEUR

à l'usage

DES EMPLOYÉS DE L'OCTROI

DE BORDEAUX

PAR

Émeric VIAU

Contrôleur divisionnaire

Deuxième édition

BORDEAUX

IMPRIMERIE CENTRALE A. DE LANEFRANQUE

23-25, rue Permentade, 23-25

1872

GUIDE

DU VÉRIFICATEUR

à l'usage

DES EMPLOYÉS DE L'OCTROI DE BORDEAUX

———∿∿∿∿∿———

CHAPITRE Ier

Notions élémentaires sur le Système métrique et le Cubage.

———

§ 1er.

Mesurer, c'est chercher l'étendue d'une chose, et combien de fois cette chose contient une mesure précise et connue.

Il y a trois manières de mesurer :

1° En longueur, c'est ce qu'on appelle *au mètre courant;*

2° En longueur et largeur, c'est ce qu'on appelle *au mètre carré* ou *mètre superficiel;*

3° En longueur, largeur et hauteur, c'est ce qu'on appelle *au mètre cube.*

§ 2. — MESURES DE LONGUEUR.

Le *mètre* est l'unité des longueurs.

Les multiples du mètre sont :

Le décamètre	ou	10 mètres.
L'hectomètre	ou	100 »
Le kilomètre	ou	1,000 »
Le myriamètre	ou	10,000 »

Les sous-multiples du mètre sont :

Le décimètre	ou	10e partie du mètre.
Le centimètre	ou	100e » »
Le millimètre	ou	1,000^e »

§ 3. — Mesures de surface ou de superficie.

On mesure les surfaces en prenant pour unité de surface le *carré* qui a pour côté l'unité de longueur.

On appelle *carré*, un quadrilatère (fig. 1) qui a ses quatre côtés égaux et les angles droits.

On appelle *mètre carré*, un carré qui a un mètre de côté; *décimètre carré*, un carré qui a un décimètre de côté; *centimètre carré*, un carré qui a un centimètre de côté; *millimètre carré*, un carré qui a un millimètre de côté.

Pour se rendre compte des subdivisions du mètre carré, il suffit de se rappeler la formation d'un damier. C'est un carré divisé en cases : 10 sur la hauteur, 10 sur la largeur. Si on suppose que chacune des cases ait la longueur et la largeur d'un décimètre, on aura sous les yeux l'ensemble du mètre carré. Si au contraire on suppose que chaque case n'ait que la longueur et la largeur d'un centimètre, on aura l'ensemble du décimètre carré.

(*Remarque*. — Les expressions de décimètre carré, centimètre carré, etc., ne font absolument qu'indiquer la longueur des côtés qu'elles représentent respectivement. Elles n'expriment donc nullement, comme on pourrait le croire, le nombre de parties du mètre carré qu'elles renferment. En conséquence, on ne confondra pas le décimètre ou le centimètre carré avec le dixième ou le centième du mètre carré, car le décimètre carré n'est que la centième partie du mètre carré, et le centimètre carré n'en est que la millième partie).

Le mesurage des surfaces est le résultat de la multiplication de la longueur par la largeur, et le terme de comparaison de ces surfaces étant le carré parfait, tous les chiffres résultant d'une opération de surface représentent donc des carrés parfaits.

On mesure la surface d'un *carré* (fig. 1) en multipliant la base A B par la hauteur B C.

On mesure la surface d'un *rectangle* ou *carré long* (fig. 2) en multipliant la base A B par la hauteur B C.

On mesure la surface d'un *triangle* (fig. 3) en multipliant la base A B par la hauteur C D et en divisant par 2, ou bien en multipliant la base A B par la demi-hauteur.

On mesure la surface d'un *parallélogramme* (fig. 4) en multipliant la base A B par la hauteur C D.

On mesure la surface d'un *lozange* (fig. 5) en multipliant A B, considéré comme base, par C D, considéré comme hauteur.

On mesure la surface d'un *trapèze* (fig. 6) en multipliant la demi-somme des deux bases parallèles A B et D C par la hauteur B C. On additionne donc les longueurs des deux bases parallèles, on prend la moitié du total, et on la multiplie par la hauteur.

On mesure la surface d'un *polygone* régulier (fig. 7) de plus de quatre côtés en multipliant le périmètre entier A B C D E F G H par la moitié de la perpendiculaire O I, abaissée du centre O sur l'une des faces.

Exemple (fig. 7) :

	0,15 longueur d'une des faces.
Multiplié par..........	8 le nombre de faces.
Produit.........:	1,20 longueur du périmètre entier.
Multiplié par..........	0,09 moitié de la perpendiculaire O I.
Produit..........	0,10,80 surface cherchée.

Un polygone est régulier quand tous ses côtés et tous ses angles sont égaux.

On peut abréger l'opération de l'*octogone* (qui a 8 faces) en multipliant une des faces par le double diamètre.

Exemple (fig. 7) : — Le rayon O I ayant 0,18 de longueur, le diamètre égale 0,36 et le double diamètre égale 0,72.

	0,72
Multiplié par..........	0,15 une des faces.
	360
	72
Produit..........	0,10,80 surface égale à celle déjà obtenue.

Pour mesurer la surface des *polygones irréguliers* (fig. 7 bis), il faut les partager en trapèzes ou en triangles partiels, sur lesquels on opère successivement, puis on réunit les diverses surfaces obtenues en une surface totale.

On mesure la surface du *cercle* (fig. 8) en multipliant le diamètre par le rayon (demi-diamètre) et en ajoutant au produit la moitié et le septième de cette moitié.

Exemple (fig. 8) : — Soit un cercle dont le diamètre est de 1,20, le rayon (ou demi-diamètre) sera de 0,60.

	1,20 diamètre.
Multiplié par..........	0,60 rayon.
Produit..........	7200
Auquel on ajoute..........	3600 sa moitié.
Plus....................	514 septième de la moitié.
Total..............	1,1314 surface cherchée.

Cette méthode est la plus usitée.

On obtiendrait les mêmes résultats par les formules suivantes :

1° En multipliant le rayon par lui-même, ce qui donne un premier produit que l'on multiplie par 3. Le produit de cette multiplication par 3, augmenté d'un septième du premier produit, donne la surface cherchée ;

2° En multipliant le diamètre par lui-même et le produit par 7,854 ;

3° En multipliant la circonférence par le quart du diamètre ou le diamètre par le quart de la circonférence ;

4° En multipliant la moitié de la circonférence par la moitié du diamètre ;

5° En multipliant le diamètre par la circonférence et prenant le quart du produit.

Ces diverses formules ont pour base la connaissance du diamètre ou de la circonférence.

Si, comme cela peut arriver, il était impossible de prendre l'une ou l'autre de ces dimensions, il faudrait la trouver par le rapport qu'elles ont entre elles.

Le rapport de 7 à 22 est généralement employé dans l'usage ordinaire (1).

---

(1) Ce rapport est celui d'Archimède.

D'après Metius, le diamètre est à la circonférence comme 113 est à 355.

Le rapport le plus exact est celui de 1 à 3,1415926535897932, dont le quart est 0,7853975 ou plus simplement 7854.

La plus grande différence obtenue par ces divers rapports est d'environ 3 millimètres sur une circonférence ayant 2m 52c de diamètre, ce qui est tout à fait insensible dans les opérations journalières.

Si donc vous ne pouvez prendre d'un cercle que le diamètre, il faut multiplier ce diamètre par 3, puis ajouter un septième de ce même diamètre pour avoir la circonférence.

Exemple. — Supposons un cercle ayant un diamètre de 1,68 ; on dira :

$$\text{Diamètre.................} \quad 1,68$$
$$\text{Multiplié par....} \quad \underline{3}$$
$$5,04$$
$$\text{Plus } \tfrac{1}{7} \text{ du diamètre....} \quad \underline{24}$$
$$\underline{5,28} \text{ circonférence cherchée.}$$

On obtiendrait également la circonférence cherchée en multipliant le diamètre connu par 3,141592.... ou simplement par 314.

Si, au contraire, vous ne pouvez prendre que la circonférence, il faut la multiplier par 7 et diviser le produit par 22 pour avoir le diamètre.

Exemple :

$$\text{Circonférence.............} \quad 5,28$$
$$\text{Multiplié par....} \quad \underline{7}$$
$$3696 \quad \lfloor \underline{22} $$
$$149 \quad 1,68 \text{ diamètre cherché.}$$
$$176$$

Pour mesurer la surface du plus grand carré (A B C D, fig. 9) contenu dans un cercle, il suffit de multiplier le diamètre A C par le rayon O B.

On mesure la surface de l'*ellipse* ou *ovale* (fig. 10) en multipliant le grand diamètre A B par le petit diamètre C D, puis le produit par 7854 ; en retranchant quatre chiffres, on a des centimètres carrés.

§ 4. — MESURES DE SOLIDITÉ OU DE VOLUME.

Le *mètre cube* est l'unité des mesures de solidité ou de volume. Il a un mètre de longueur, un mètre de largeur et un mètre de hauteur ou d'épaisseur.

On appelle *cube*, un solide régulier (fig. 11), de la forme d'un dé à jouer, et terminé par six faces carrées et égales.

On appelle *mètre cube*, un cube qui a un mètre de côté; *décimètre cube*, un cube qui a un décimètre de côté (c'est le litre); *centimètre cube*, un cube qui a un centimètre de côté; *millimètre cube*, un cube qui a un millimètre de côté.

(*Remarque.* — Il ne faut pas confondre le décimètre cube, ou le centimètre cube, avec la dixième ou la centième partie du mètre cube. Le décimètre cube n'en est que la millième partie, et le centimètre cube la millionnième partie. Ces expressions ne font qu'indiquer la longueur des côtés du cube qu'elles représentent et n'expriment nullement le nombre de parties du mètre cube qu'elles contiennent respectivement).

Le mètre cube prend le nom de *stère* lorsqu'il sert à mesurer les bois de chauffage ou de construction.

Le stère n'a qu'un multiple, le *décastère*, qui vaut dix stères.

Il n'a qu'un sous-multiple, le *décistère*, qui vaut un dixième de stère.

On donne le nom de *solide* à tout ce qui a trois dimensions : longueur, largeur et hauteur.

Évaluer le volume d'un solide, c'est déterminer par le calcul de ces trois dimensions combien de fois ce solide contient le cube choisi pour unité; et de même que les surfaces sont ramenées au carré parfait, les solides ont pour terme de comparaison le cube parfait.

Il y a des solides terminés par des lignes droites, tels que le *parallélipipède* (fig. 12), les *prismes* (fig. 13, 14 et 15), les *pyramides* (fig. 16, 17 et 18).

D'autres sont terminés par des lignes courbes, comme le *cône* (fig. 19 et 20), le *cylindre* (fig. 21), et la *sphère* ou *globe*.

Les parallélipipèdes et les prismes (fig. 12, 13, 14 et 15) sont des solides terminés par deux bases semblables, jointes par des lignes droites et parallèles.

Leur solidité est égale à la surface de la base multipliée par la hauteur ou longueur.

Les pyramides (fig. 16, 17 et 18) ont pour base un polygone, et la hauteur se termine en pointe.

Leur solidité est égale à la surface de leur base multipliée par le tiers de la hauteur perpendiculaire.

Le cône (fig. 19) est une pyramide ayant pour base un cercle.

Sa solidité est égale à la surface de la base multipliée par le tiers de la hauteur.

La solidité du cône tronqué (fig. 20) est égale à sa base moyenne multipliée par sa hauteur perpendiculaire.

Pour obtenir la base moyenne, il faut : 1° multiplier le diamètre de la base inférieure par lui-même ; 2° multiplier le diamètre de la base supérieure par lui-même; 3° multiplier le diamètre supérieur par le diamètre inférieur. On réunit les trois produits et on en prend le tiers. En additionnant ensemble la moitié, le quart et le septième de ce tiers, on obtient la surface moyenne qu'il suffit de multiplier par la hauteur pour avoir la solidité.

Le cylindre (fig. 21) est un corps rond dont les bases opposées sont des cercles égaux.

Son volume est égal à la surface de la base multipliée par la hauteur. (Voyez page 5, la mesure de la surface du cercle).

La solidité de la sphère ou globe est égale à sa surface convexe multipliée par le tiers du rayon. (La surface convexe s'obtient en multipliant le diamètre par la circonférence).

§ 5.

Quelques exemples, choisis parmi les opérations les plus fréquentes, feront comprendre l'application des principes qui viennent d'être exposés :

1° *Cubage d'une charrette de bois de tonneau.*

On mesure la largeur, puis la hauteur du chargement, et on multiplie ces deux dimensions l'une par l'autre. Le produit multiplié par la longueur donne le cube.

Mais il importe de remarquer que les charrettes et les tombereaux sont souvent plus larges du haut que du bas. Il faut dans ce cas prendre la largeur moyenne par devant, puis par derrière, ensuite prendre la hauteur qu'il faut niveler à l'œil, attendu que les chargements sont ordinairement plus hauts sur le devant ou au milieu que sur le derrière, puis enfin prendre la longueur.

Plus les objets qui composent le chargement sont bien empilés et arrimés, plus les mesures doivent être prises avec exactitude.

2o *Cubage des pierres.*

Les dimensions ordinaires de la pierre de Bourg étant de 0,70 de long sur 0,32 de large et 0,32 d'épaisseur, il suffit de multiplier ces trois dimensions l'une par l'autre, et l'on trouve, pour le cube d'une pierre, 7 centimètres 17 millimètres.

Toutes les pierres peuvent se cuber ainsi. Mais au bureau de Peyronnet on cube ordinairement les pierres dures par des procédés abbréviatifs qu'il importe de connaître.

· Ces calculs ont pour base la superficie des pierres évaluée en pieds. Cette superficie s'obtient en multipliant le nombre de pieds de longueur par le nombre de pieds de largeur.

Pour cuber les *pierres plates,* on prend deux fois le tiers du nombre de pieds de superficie et on multiplie le deuxième tiers par 20, l'épaisseur.

Pour les *dallotes,* même règle, mais multiplier par 15, l'épaisseur.

Pour les *pavés,* même règle, mais multiplier par 12, l'épaisseur.

Pour les *grands et petits doublerons* (1), on prend trois fois le tiers du nombre de pieds de superficie. Le troisième tiers est le cube cherché.

3o *Cubage d'un bateau de charbon.*

Le cubage d'un bateau de charbon s'opère en prenant la hauteur moyenne du chargement, sa largeur moyenne et sa longueur; puis on multiplie ces trois dimensions l'une par l'autre.

Exemple :

Hauteur à l'avant.. $3^m 10$	Largeur à l'avant.. $2^m 50$	
Hauteur à l'arrière. 3 40	Largeur à l'arrière. 2 20	Longueur.... 16^m
——————	——————	
6 50	4 70	
1/2 ou haut^r moy^{ne}. 3 25	1/2 ou larg^r moy^{ne}. 2 35	

$3^m 25$ multiplié par $2^m 35$ donne 76375 que l'on multiplie par 16, ce qui donne 122,2000 ou 122 stères 20^c, cube cherché.

—————————————————————————

(1) On considère comme petits doublerons ceux dont la superficie est égale ou inférieure à quatre pieds. — Ceux dont la superficie est supérieure à quatre pieds sont considérés comme grands doublerons.

4o *Cubage d'un bateau de plâtre.*

On prend les dimensions comme dans l'exemple précédent ; supposons que l'on obtienne :

Longueur, 8ᵐ ; largeur moyenne, 2ᵐ ; hauteur moyenne, 0ᵐ80. Or, 8 multiplié par 2 donne 16, et 16 multiplié par 0,80 produit 1280, qui, multiplié par 1,500 kilog. (poids du mètre cube de plâtre), donne 19,200 kilog., poids cherché.

5° *Cubage des planches et madriers.*

Le cubage des planches et madriers s'opère en classant d'abord chaque nature de planches ou de madriers de la même espèce et de la même dimension. La longueur d'une pièce, multipliée par le nombre de pièces semblables, donne la longueur totale que l'on multiplie par la largeur, puis par l'épaisseur.

Exemple : — Soit 20 madriers ayant chacun 2ᵐ42 de longueur sur 0ᵐ22 de large et 7 centimètres 1/2 d'épaisseur.

On disposera comme suit l'opération sur le carnet :

Madriers.—	Longueur.—	Longueur totale.—	Largeur. —	Épaisseur. —	Cube.
20	2ᵐ42	48ᵐ40	0ᵐ22	0ᵐ07,50	0ᵐ80ᶜ cubes.

(2ᵐ42 multiplié par 20, le produit, soit 48ᵐ40, multiplié par 0ᵐ22, le produit multiplié par 0ᵐ07,50, donnent 0ᵐ80 pour le cube cherché).

Si l'opération comprenait en outre des pièces de dimensions différentes, on continuerait à relever les dimensions et les produits sous ceux déjà trouvés, ainsi que le montre l'exemple suivant :

Nombre de pièces. —	Longueurs totales.—	Largeurs. —	Épaisseurs. —	Cube.
417 planches	1919ᵐ00	0ᵐ22	0ᵐ03,50	14 st. 78
273 dᵒ	1503 00	0 19	0 03,50	9 99
454 madriers	2018 00	0 22	0 07,50	33 30
			Cube total......	58 st. 07

6° *Cubage d'un sac de charbon.*

La contenance d'un sac de charbon s'obtient par l'application de la mesure du cylindre.

On place d'abord le sac droit, on mesure la *hauteur*, et, avec une corde, on mesure le *pourtour*.

La *hauteur* se prend au point où le cercle est complet ; ainsi on abandonne 4 centimètres tant en dessus qu'en dessous, soit 8 centimètres depuis terre jusqu'à la ligature du sac.

Le *pourtour* se prend avec une corde que l'on reporte sur le mètre pour savoir le nombre de centimètres. Si le sac est de grosseur irrégulière, on doit prendre la circonférence moyenne.

On multiplie la circonférence par 7, et on divise par 22 pour avoir le diamètre.

En multipliant ce diamètre par le rayon, et en ajoutant au produit la moitié et le septième de cette moitié, on a la surface du cercle que l'on multiplie par la hauteur pour avoir le cube.

7º *Cubage d'une meule.*

Chercher la surface du cercle (en multipliant le diamètre par le rayon et en ajoutant au produit la moitié de ce produit, plus le septième de cette moitié), puis multiplier la surface par l'épaisseur.

Exemple : — Soit 41 meules ayant 0m68 de diamètre et 0m09 d'épaisseur.

On cherche d'abord le cube d'une meule et on le multiplie par 41.

On voit par l'opération ci-dessous que les 41 meules proposées cubent 1m34.

	0m68 diamètre.
Multiplié par............	34 rayon.
	272
	204
Produit............	2312
½............	1156
⅐ de ½............	165
Surface du cercle............	3633
Multiplié par............	9 épaisseur.
	32697 cube d'une meule.
Multiplié par............	41 = 1m34 cubé total.

8° Vérification de la vendange.

On appelle *vendange*, au point de vue de la perception, le raisin qui a subi un commencement d'égrappage ou de foulage.

Le raisin peut se présenter à l'entrée sous deux aspects, à l'état *intact* ou à l'état de *vendange*.

Il en résulte deux manières d'opérer la vérification pour déterminer la quantité de vin pur imposable.

1er *cas*. — Quand le raisin est introduit, à l'état intact, ainsi que cela se pratique notamment au quai de La Grave, *on le pèse*, et après avoir déduit la tare des corbeilles, on multiplie le poids net par 71 ; le produit représente le nombre de litres de vin pur imposable.

Cent kilogrammes de raisin intact (poids net) équivalent donc à 71 litres de vin pur.

Le raisin intact est généralement introduit dans des corbeilles dont le poids moyen est de 2 kilos.

2° *cas*. — Le raisin non intact, proprement dit *vendange*, est introduit en fûts, baquets et autres vaisseaux susceptibles de conserver le jus, plus ou moins pleins, plus ou moins grands.

On en estime, non plus le poids, mais bien *le volume*, au moyen du cubage.

Pour cuber une barrique de vendange, on mesure la circonférence des fonds (qui sont ordinairement égaux) et celle du milieu du fût, à la hauteur de la bonde.

On additionne ces deux circonférences et on prend la moitié, ce qui donne la circonférence moyenne.

On multiplie cette circonférence par 7 et on divise par 22 pour avoir le diamètre. Puis on cherche la surface du cercle, en multipliant le diamètre par le rayon et en ajoutant au produit la moitié de ce produit et le septième de ce produit.

Cette surface, multipliée par la hauteur de la vendange dans le fût, donne le cube cherché qu'il est facile de convertir en litres puisque le mètre cube vaut mille litres ou 10 hectolitres et que le décimètre cube vaut un litre.

Le nombre de litres de vendange étant ainsi connu, on applique l'observation réglementaire, qui dispose que la vendange sera taxée à raison de 2 hectolitres de vin pur pour 3 hectolitres de vendange ; on n'a donc qu'a prendre les 2/3 pour avoir le vin pur imposable.

Remarque. — Doivent être affranchis de tous droits et considérés comme *raisins de table*, les raisins blancs ou rouges introduits dans des paniers dont le poids brut n'excède pas 7 kilos et demi.

Les raisins dits *malvoisie* sont affranchis, quelle qu'en soit la quantité.

§ 6. — MESURES DE CAPACITÉ.

Le *litre* est l'unité des mesures de capacité pour les liquides et les matières sèches.

Sa contenance est celle d'un décimètre cube.

Ses multiples sont le *décalitre*, qui vaut dix litres, et l'*hectolitre*, qui vaut cent litres.

Ses sous-multiples sont le *décilitre*, qui est la dixième partie du litre, et le *centilitre* ou centième partie du litre, et le *millilitre* ou millième partie du litre.

Le litre étant égal à la capacité d'un décimètre cube, il s'ensuit :

Que le décalitre est la capacité de 10 décimètres cubes, ou d'un centième de stère ;

Que l'hectolitre est la capacité de cent décimètres cubes, ou d'un dixième de stère ;

Que le décilitre est la capacité de cent centimètres cubes ;

Que le centilitre est la capacité de dix centimètres cubes ;

Que le millilitre est la capacité de 1 centimètre cube.

§ 7. — MESURE DE POIDS.

Le *gramme* est l'unité de poids. Il équivaut au poids de l'eau pure contenue dans un centimètre cube.

Ses multiples sont :

Le décagramme ou	10 grammes.	
L'hectogramme ou	100	»
Le kilogramme ou	1,000	»

Ses sous-multiples sont :

Le décigramme ou	10e partie du gramme.	
Le centigramme ou	100e	»
Le milligramme ou	1,000e	»

Le kilogramme (en abrégé *kilo*) peut être considéré comme l'u-
nité de mesure des gros poids.

Pour les fortes pesées on emploie le *quintal métrique* qui vaut
100 kilos (1), et le *millier* ou *tonneau de mer*, qui vaut 1,000 kilos.

La *balance-bascule* est le plus important des instruments de pesage en usage dans le service de l'Octroi.

Le tableau suivant explique l'emploi des anciennes bascules, dites
bascules au dixième :

Un poids de	....	50 kil.	représente	....	500 kil.
D°	....	20 »	d°	....	200 »
D°	....	10 »	d°	....	100 »
D°	....	5 »	d°	....	50 »
D°	....	2 »	d°	....	20 »
D°	....	1 »	d°	....	10 »
D°	½ kil. ou....	5 hect.	d°	....	5 »
D°	....	2 »	d°	....	2 »
D°	....	1 »	d°	....	1 »
D°	½ hect. ou..	50 gr.	d°	½ kil. ou....	5 hect.
D°	....	20 »	d°	....	2 »
D°	....	10 »	d°	....	1 »
D°	....	5 »	d°	½ hect. ou..	50 gr.
D°	....	2 »	d°	....	20 »
D°	....	1 »	d°	....	10 »

Les bascules nouvellement introduites dans le service sont *à ro-
maine*, et le rapport des poids employés est de 1 à 100 ; ainsi un
poids de 1 kilo vaut 100 kilos.

On aura toujours soin de vérifier la bascule avant de peser, et
d'ajuster s'il y a lieu.

§ 8. — DES MONNAIES.

Le *franc* est l'unité des monnaies.

Les mots : *deca, hecto, kilo, myria*, ne sont pas usités pour le
franc ; on dit : 10, 100, 1,000, 10,000 francs.

Les sous-multiples du franc sont le *décime* et le *centime*. Le *mil-
lime*, dont on se sert dans les calculs, n'est qu'une monnaie fictive.

---

(1) Le quintal, ancienne mesure, ne valait que 50 kilos.

La monnaie de cuivre ne peut entrer dans les paiements que pour l'appoint de la pièce de cinq francs (*Décret du 18 août* 1810). C'est-à-dire que, quelle que soit la somme versée, la monnaie de cuivre ou de billon ne peut y être comprise que pour une somme inférieure à cinq francs (*Décision ministérielle du* 15 *déc.* 1820). Néanmoins, l'Administration de l'Octroi est dans l'usage de se montrer fort tolérante à ce sujet.

Pour éviter toute discussion dans les paiements, le débiteur sera toujours obligé de faire l'appoint et par conséquent de se procurer le numéraire d'argent nécessaire pour solder exactement la somme dont il sera redevable. (*Décret des* 17-22 *avril* 1790, *art.* 7).

Toute pièce de monnaie d'or ou d'argent fausse que l'on présente dans un bureau doit être percée ou coupée, et mise hors de circulation. (*Circulaire du* 10 *mars* 1832).

Les comptables qui convertissent en monnaie de cuivre une partie des sommes qu'ils ont reçues en argent encourrent la révocation. (*Circulaire du* 8 *août* 1809).

CHAPITRE II

Tares, moyennes et décisions adoptées par l'administration
de l'Octroi.

---

§ 1er. — TARE.

On entend par *tare* la diminution à opérer sur le poids des caisses,
tonneaux, barils, pots, sacs, emballages, etc., qui contiennent des
marchandises taxées au poids net.

On entend par *brut* ou *ort* le poids de la marchandise quand elle
est pesée avec son emballage ; on dira, en ce sens, qu'un colis pèse
brut ou *ort* 60 kilos, pour exprimer que l'emballage et la marchandise qu'il contient pèsent ensemble 60 kilos.

On appelle *colis* toute caisse, balle, ballot, tonneau, etc.

La tare se règle à tant par colis ou à tant pour cent.

Parmi les objets compris au tarif et taxés *au poids net*, il y en a
un certain nombre pour lesquels il n'y a pas eu lieu de déterminer
une tare fixe. Les employés apprécient alors à l'amiable la tare à
déduire, et, en cas de contestation, le contribuable peut faire vérifier
exactement le poids de ses emballages en vidant les colis.

En règle générale, toutes les fois que l'on aura à déduire *tant pour
cent* sur une quantité quelconque, il suffira de retrancher le tant
pour cent du nombre 100 et de multiplier par le reste la quantité en
question.

Exemple 1er : — Soit à déduire 13 pour cent (13 p. %) de tare sur
une marchandise pesant brut 2,550 kilos ;

En retranchant 13 de 100, il reste 87 centièmes. On multiplie 2,550
par 87 et on obtient 2,218 kilos pour le poids net cherché.

Exemple 2 : — Soit à déduire 7 p. % de 1,580 kilos brut. On dira
100 moins 7 égale 93 centièmes ; et 1,580 multiplié par 93 produit
1,469 kilos, poids net.

Exemple 3 : — Deux fûts d'huile, plâtrés, pèsent ensemble 479
kilos, poids brut ; quel est le poids net ?

Sachant qu'il est accordé 18 p. % de tare pour les fûts d'huile
plâtrés, on retranche 18 de 100 et il reste 82 centièmes.

En multipliant 479 kilos par 82, on trouve 392 kilos pour le poids net cherché.

(*Remarque*. — Le produit de 479 par 82 est de 39278. On néglige les deux derniers chiffres).

Le tarif de l'Octroi de Bordeaux ne taxe au poids brut que les sept articles suivants :

1° Viande en saumure ;

2° Harengs et autres poissons secs ou salés, en baril ;

3° Conserves alimentaires de toute espèce ;

4° Marbres bruts ou ouvrés ;

5° Meubles plaqués et non plaqués ;

6° Savons ;

7° Verroterie, cristaux et vitres.

Quant aux tares à accorder pour les articles ci-dessous, qui sont taxés au poids net, elles ont été fixées comme suit :

Huile. .... {	en fûts plâtrés............. tare 18 %	(multipliez par 82)	
	en fûts non plâtrés....... » 16 % (	—	84)
Pétrole...	» 22 % (	—	78)
Essence..	» 17 % (	—	83)
Graisse........... {	en terrine ou flacon, déduire un tiers.		
	en caisse, avec fer blanc » 5 % (	—	95)

Volaille. .... { Le poids des cages varie entre 10 et 25 kilos. Poids moyen { dans les gares : 22 kilos ; sur le quai { les grandes, 18 kilos ; les petites, 9 kilos.

Poissons de mer, en colis, avec emballage.. tare 10 %	(multipliez par 90)		
Conserves alimentaires. Tare de l'emball.... » 6 % (	—	94)	
Oranges, en caisse.................................. » 10 % (	—	90)	
Citrons, en caisse.................................. » 8 % (	—	92)	
Suif en rame ou fondu............................. » 14 % (	—	86)	

Allumettes en cire, veilleuses, en boîte ou en caisse, déduire 2 tiers.

Papier en balle, tare de chaque balle : 2 à 5 kilos, suivant formats.

Porcelaine ou {	en caisse.................. tare 20 %	(multipliez par 80)	
faïence {	en harasse................ » 15 % (	—	85)

§ 2. — Moyennes.

Pour faciliter et accélérer les vérifications on a adopté pour beaucoup d'articles des mesures moyennes qu'il est important de connaître. Mais il ne faut pas perdre de vue que ces moyens *n'ont rien d'absolu*; qu'elles peuvent varier lorsque les objets ne sont pas dans les dimensions ordinaires; que, en cas de contestation, *il ne faudrait en tenir aucun compte*, et que c'est en procédant au mesurage métrique des objets que l'on doit vérifier l'exactitude des déclarations faites.

Huile	la barrique	poids moyen.	200^k	»^{g}
	la tonne	d°	90	»
Harengs	secs, le baril	d°	18	»
	blancs, le baril	d°	36	»
Huîtres	le cent se prend pour 16 litre^{es}.			
	le demi-cent pour 8 litres			
Beurre de Bretagne	le frequin	d°	25	»
	le demi-frequin	d°	12	500
Fromage de Hollande.	croûte rouge (rond), le pain	d°	2	»
	pâte grasse (plat), le pain	d°	5	»
Fromage de Gruyère.	le pain	d°	30-32	»
Charbon de terre	en sac, l'hectolitre	d°	80	»
	en blocs, l'hectolitre	d°	100	»
Coke	sortant de l'usine à gaz, l'hectolitre	d°	40	»
	venant d'Angleterre ou de l'Aveyron, l'hectolitre	d°	50-60	»
	en escarbillles, d°	d°	33	»
Foin	la botte ordinaire	d°	6	»
Paille	de froment, la botte	d°	6	»
	de seigle, la botte	d°	5	»
Avoine	l'hectolitre	d°	50	»
Marbre	le mètre cube	d°	2,700	»
Plâtre cru	le mètre cube	d°	1,500	»
	le mont (cubant 0^{m}80)	d°	1,200	»
Plâtre cuit	le sac ordinaire	d°	50	»
Acajou	le pied-cube	d°	36	44
	le mètre-cube	d°	1,500	»
Gaïac	le stère	d°	1,200	»
Savon	la caisse de savon vert	d°	135	»
	la caisse de savon jaune	d°	125	»

Le tonneau de bois de chauffage (ancienne mesure) cube...... 3ˢᵗ 62ᶜ

Bûches de chêne et de pin....... { longueur moyenne : 1ᵐ50; le cent cube. 2 82 / à la Grave, le cent n'atteint souvent que 2ˢᵗ 60 à...... ...... 2 70

Bois préparés pour parquets. — Peser et multiplier le poids par 15.

Brancards de voiture. — Peser et multiplier le poids par 12.

Ciment en barils. Le cube du baril varie de 7 a 16 centimètres (1).

Fer. — Poids du mètre cube.... { fondu...... ...... 7,200 kilos. / en barre...... 7,788 — / laminé...... 8,000 —

Sardines à l'huile { boîtes entières, poids moyen : 450 grammes. / demi-boîtes, dᵒ 250 dᵒ

Tomates en flacons............... { 1/8......... poids net : 250 grammes. / 1/4......... dᵒ 400 dᵒ / 1/2......... dᵒ 700 dᵒ / le litre.... dᵒ 1200 dᵒ

Truffes en flacons { 1ʳᵉ dimension, poids du verre : 1100 gramm. l'un. / 2ᵉ dᵒ dᵒ 625 dᵒ / 3ᵉ dᵒ dᵒ 450 dᵒ / 4ᵉ dᵒ dᵒ 350 dᵒ

Faissonnats de chêne............ { longueur moyenne : 1ᵐ50 / circonfér. au bout : 0 75 } le cent cube 8ˢᵗ 40ᶜ

Faissonnats de pin............... { longueur moyenne : 1 50 / circonfér. au centre : 0 84 } dᵒ...... 8 40

Fagots de chêne. { à deux liens (grosseur de faissonnat)............... dᵒ...... 8 40 / à deux liens (de Guîtres et du Périgord)........... } dᵒ...... 5 » / à un lien (du Médoc)....... }

Bourrées de pin, dites *pignols*... { petites...................... dᵒ...... 3 » / grosses................... dᵒ...... 4 »

Sarments........... le millier cube ordinairement............... 16 »

Charbon de bois.. le sac, dit *barrique*, cube................... 0ᵐ 25

(1) La forme des barils de ciment permet de les cuber comme des cylindres. — On calculera donc, d'après le diamètre moyen, la surface du fond considérée comme base et on multipliera le produit par la hauteur ou largeur du baril.

Pierre de Bourg(1)	longueur : 0m70 largeur : 0 32 épaisseur : 0 32	l'une cube 7c 17m; le cent cube..............	7st 17c
Pierre de Roque(1)	longueur : 0m60 largeur : 0 32 épaisseur : 0 29	l'une cube 5c 57m; le cent cube.............	5 57

Chaux hydrauliq. le sac ordinaire cube 10 centimètres.

Bois de noyer en grume............ cuber en bloc et déduire un tiers pour le vide.

Bois de construction tendre, non équarri............ { Les pièces doivent avoir plus de 1m50 de longueur et plus de 0m35 de circonférence dans le milieu; les pièces de dimensions inférieures sont taxées comme bois de tonneau. (*Ordre du jour du 9 juin* 1858).

Planches de pin français :

sont généralement déclarées à la douzaine aux barrières de terre, et au cent sur le quai.

planches fortes................		la douzaine cube	»st24c	le cent cube	2st »c
bâtard....	carré	do........	» 21	do.....	1 76
	carré et croûte..	do........	» 20	do.....	1 68
	croûte...............	do........	» 19	do.....	1 60
commun.	carré	do........	» 16	do.....	1 20
	carré et croûte..	do........	» 15	do.....	1 14
	croûte............	do........	» 14	do.....	1 08
barre à barrique.	carrée............	do........	» 11	do.....	» 83
	carrée et croûte.	do........	» 09	do.....	» 63
	croûte..............	do........	» 07	do.....	» 42
barre à baril à sucre........		....	» 007	do.....	» 06

Caisses vides.....	de 12 bouteilles............ cubent..	»m 01c	»m
	de 25 do................. do	»	01 35
	de 50 do................. do	»	03 56

Jambons............ { en boucaut, déduire 30k pour le poids du boucaut.
en caisse déduire 15k pour le poids de la caisse.

Vernis alcoolisés { le volume d'alcool pur s'obtient en multipliant le nombre de litres de liquide par 58.

---

(1) Ces dimensions ont été déterminées par un Arrêté du Maire en date du 11 août 1821.

§ 3. — Décisions.

A diverses époques l'Administration a eu l'occasion de se pro-
noncer sur la question de savoir si certains articles devaient être
frappés de la taxe, ou dans quelle catégorie du tarif ils devaient
être rangés.

Les principales décisions ainsi intervenues sont les suivantes :

Sont soumis à la taxe :

L'*huile d'amande douce* (cependant l'Administration se montre
très-tolérante pour les petites quantités introduites chez les phar-
maciens);

La *benzine*, les *essences* altérées ou mélangées ensemble, le *vernis*
à base d'essence ;

L'*oléïne* (huile de suif);

Les *pieds d'animaux* destinés à la fabrication de l'huile dite de
pied de bœuf, comme *abats* ;

Les *chamois, izards, chevreuils*, vivants ou morts (comme *gibier*);

Les *fruits glacés au sucre*, et généralement tous les comestibles
confits au sucre, au sel, à l'eau et à l'huile (comme *conserves*);

Le *fromage de Cubzac*, le *fromage de Lorraine* et le *fromage de
Poitiers*, (comme *fromage commun*);

Les diverses espèces de *combustibles végétaux* ou *minéraux* qui
sortent de la terre et brûlent avec facilité, tels que le *schiste bitu-
meux* (comme *charbon de terre*);

La *paille de maïs*; — les *fourrages destinés à la cavalerie* ;

Les *pierres d'ardoise*, en blocs ou tablettes, dont les dimensions
indiquent qu'elles ne sont pas destinées à couvrir les maisons
(comme *pierre dure*);

Le *bois de gaïac* (comme *bois dur de construction*);

Les *bois de noyer* ou de *chêne* préparés en feuilles de placage
(comme *bois d'ébénisterie*);

Les *pianos* et *orgues* neufs (comme *meubles*);

Les *olives en saumure*, comme *fruits secs*; les *olives à l'huile*,
comme *conserves*;

La *peinture* préparée à l'huile (comme *huile*);

Les *siccatifs* pour peinture (comme *litharge* ou *blanc de zinc*);

Les *talons* confectionnés en cuir (comme *cuir ouvré*);

Le *faissonnal de vergne* (comme *bois tendre*);

Les *extraits de citron* ou d'*orange* (comme *eau de senteur*);

L'*esturgeon* ou *créac* (comme *poisson commun*);

Les *briques crues* (comme *briques cuites*);

Les *queues de billard*, neuves (comme *meubles plaqués*);

Les *chaussures* et *objets confectionnés en cuir* destinés aux troupes;

Les *cruchons à bière; vieilles porcelaines et faïences*, alors même qu'il s'agit d'objets d'art ou d'antiquité;

L'*orfévrerie Ruolz* (comme *cuivre*);

Les *vieilles glaces* (même taxe que les *glaces neuves*).

Sont exempts :

L'*huile de foie de morue*, même épurée, l'*huile de ricin* et l'*huile de cade*;

Le *mastic de vitrier*, quoique préparé à l'huile;

Le *lait caillé* et les *petits fromages* non susceptibles de conservation;

Les *bois d'œuvre* et de *carassonne*, neufs, de dimensions inférieures aux *paux de treize*;

Les *enveloppes-bouteilles* en paille ou jonc;

Le *son de riz*;

Les *bois extraits des cœurs de chêne* et susceptibles d'être employés à la fabrication des futailles de toute dimension (comme *merrains*);

Les *avirons, sabots* et *manches à balai* confectionnés;

Les *boîtes à sel*, en hêtre, et les *mesures de capacités* en bois;

Les *bois* préparés ou façonnés pour *bats, selles* et *arçons de selles, tamis, presses d'établi, petites presses à main* et *soufflets*;

Les *cadres de bois blanc* (comme *meubles* en bois blanc);

Les *sommiers Tucker* (s'ils sont en bois blanc);

Les *voitures* neuves ou vieilles, *charrettes, wagons, camions*;

Les *échantillons de papiers peints*, les *papiers* et *cartons sablés, verrés et collarés*, et les *étiquettes imprimées*;

Les *étoffes* et *passementeries* avec ornements en *verroterie* imitant le jais;

Les *bouteilles à encre*, les *ornements* et les *fontaines à filtrer*, en terre cuite;

Les *creusets* de fondeur ;

L'*antimoine pur* n'est pas taxé, mais il en est autrement lorsqu'il forme l'accessoire d'un objet taxé ;

L'*eau des Carmes* et l'*eau de sève de pin* (comme *médicaments*);

Les *capsules* de toute dimension pour armes à feu ;

Les *pastilles Rozière* et les légumes secs dits *juliennes*.

––––––––

Les observations réglementaires qui accompagnent le **Tarif**, et dont on ne saurait trop recommander l'étude, complètent les renseignements qui précèdent.

––––––––

CHAPITRE III

De la Jauge diagonale.

§ 1.

Le cubage des fûts entraînant beaucoup de lenteurs et d'opérations sujettes à erreurs, on a inventé la *jauge diagonale* ou *velle*.

La jauge diagonale consiste en une petite barre de fer, de forme carrée, ayant environ 124 centimètres de longueur, y compris le bouton qui la termine.

Pour la rendre portative, on en a construit qui se partagent en trois parties se montant à vis, ce qui la fait appeler souvent *jauge brisée*.

Il existe des jauges diagonales graduées de plusieurs manières. Ainsi, celle qui est employée par l'Administration des contributions indirectes n'est pas la même que celle dont on fait usage dans l'Octroi de Bordeaux.

§ 2. — JAUGE DES CONTRIBUTIONS INDIRECTES.

La jauge employée par les Contributions indirectes est graduée sur deux faces seulement. Sur l'une de ces faces figure un mètre ; l'autre porte une échelle de cent degrés dont les divisions, chiffrées de cinq en cinq, vont en décroissant depuis le n° 1, qui est vers le bas de la jauge, jusqu'au n° 100, qui est vers la partie supérieure.

Chaque degré vaut un décalitre ou 10 litres ; dix degrés valent un hectolitre ou 100 litres, et les cent degrés valent dix hectolitres ou mille litres.

La *Note du* 1ᵉʳ *Juillet* 1806, fournie par les Contributions indirectes, indique comme suit la manière de s'en servir.

On l'introduit diagonalement par la bonde, de manière que le bout rencontre le fond dans sa partie la plus basse et soit appuyé sur la douve opposée à celle de la bonde.

S'étant ainsi assuré de la plus grande distance qui existe entre l'angle du fond et le centre de la bonde, on regardera à quel point de la jauge aboutit *le dessous* de la douve ; si ce point, *pris exacte-*

ment au centre de la bonde et en dessous du bois, est trente, ce sera trente décalitres ou 300 litres que la futaille contiendra.

Mais les bondes se trouvant rarement percées à distance égale des deux fonds, il est toujours nécessaire de mesurer les deux côtés pour obtenir un terme moyen qui indiquera la contenance du fût.

Exemple 1 : — Supposons un tonneau dont un côté, *pris au centre de la bonde, sous la douve,* soit de 30 divisions, et que l'autre, pris de la même manière, soit de 32 : la moitié de la différence de 30 à 32 est 1, qu'il faut ajouter au côté le plus faible qui est 30, on aura pour résultat 31 décalitres ou 310 litres; ou bien, additionnant les deux sommes 30 et 32 qui valent 62, on en prend la moitié et on obtient comme auparavant 31 décalitres.

Exemple 2 : Supposons maintenant un tonneau dont un côté soit de 45 degrés et l'autre de 46; le terme moyen sera 45 1/2, ou, en décimales, 45 dixièmes 1/2, c'est-à-dire 45 décalitres 5 litres, ou simplement 455 litres.

Si ce même tonneau avait d'un côté quarante-cinq décalitres trois dixièmes, ou................................... 453

Et de l'autre quarante-cinq décalitres sept dixièmes, ou   457

En additionnant les deux sommes, on aurait................ 910

Dont la moitié serait, comme ci-dessus, de................. 455

Il en est de même pour tous les autres cas.

§ 3. — JAUGE DE L'OCTROI DE BORDEAUX.

La jauge employée dans l'Octroi de Bordeaux est graduée sur les quatre faces.

Sur l'une de ces faces figure un mètre.

Les trois autres, qui sont destinées aux opérations du jaugeage, présentent trois échelles, ayant chacune une hauteur différente, et se terminant toutes au chiffre 700, représentant 700 litres ou 7 hectolitres.

1o L'échelle la plus courte, c'est-à-dire celle où le chiffre 700 est plus éloigné du bouton que dans les autres faces, sert au jaugeage des fûts ordinaires (*demi-muids*) et des petits fûts.

Elle est graduée dans toute sa longueur, et ses divisions sont chiffrées de 10 en 10 jusqu'à 400, avec un point entre chaque division pour indiquer la moitié des dizaines.

De 400 à 700 les divisions sont chiffrées de 20 en 20 et les points indiquent les dizaines intermédiaires.

2° L'échelle moyenne, c'est-à-dire celle où le chiffre de 700 est moins éloigné du bouton que dans la face dont on vient de parler, est destinée au jaugeage des *muids* ou fûts de contenance immédiatement supérieure à celle des fûts ordinaires.

Elle n'est graduée qu'à partir de 150 (1 hecto 1/2 ou 1 hecto 50 litres); ses divisions sont chiffrées de 10 en 10 jusqu'à 400, et de 20 en 20 jusqu'à 700.

Les points ont la même signification que ci-dessus.

3° L'échelle la plus longue, c'est-à-dire celle où le chiffre 700 est le plus rapproché du bouton, sert à jauger les plus gros fûts, tels que les *pipes*.

Elle n'est graduée qu'à partir de 250 (2 hectos 50 litres) et ses divisions sont chiffrées de 10 en 10 jusqu'à 400, et de 20 en 20 jusqu'à 700.

Le rôle des points est le même, c'est-à-dire qu'ils indiquent toujours la moitié des dizaines lorsqu'ils sont placés entre les chiffres gradués de 10 en 10, ou les dizaines intermédiaires lorsqu'ils se trouvent entre les chiffres gradués de 20 en 20.

On emploie cette jauge de la même manière que celle des contributions indirectes, c'est-à-dire en mesurant la plus grande distance qui existe entre l'angle du fond et le *centre de la bonde pris en dessous du bois*. Il importe seulement de bien remarquer, avant d'opérer, si le fût à jauger est de la catégorie des *pipes*, des *muids* et des *demi-muids*, et il doit suffire d'avoir vu une fois ces diverses futailles pour les reconnaître et pour savoir quelle est la face de la jauge qu'il convient d'employer.

On se rappellera, au surplus, que, en général, l'échelle la plus courte sert à jauger tous les fûts de 228 litres et au-dessous; que les fûts qui donnent à l'échelle courte plus de 230 litres se jaugent à l'échelle moyenne jusqu'à 600 litres, et enfin que les fûts qui atteignent 600 litres à l'échelle moyenne se jaugent à l'échelle la plus élevée.

§ 4.

Il est important, avant de jauger, de s'assurer si les fûts présentés ne sont pas de forme irrégulière et d'une contenance apparente inférieure à la contenance réelle. Généralement les fûts construits pour la fraude ne sont pas parfaitement ronds ; ou bien la douve du fond présente un renflement qui empêche la jauge de pénétrer assez avant pour qu'elle fasse connaître la véritable contenance ; ou bien encore la douve dans laquelle est percé le trou de la bonde est aplatie à dessein ou est plus épaisse que les autres. (*Circulaire du 20 janvier* 1864).

CHAPITRE IV

Du degré réel des alcools.

§ 1er.

Les droits sont perçus sur l'alcool pur que contiennent les eaux-de-vie et autres spiritueux.

Pour déterminer le degré réel des alcools, on se sert de deux instruments renfermés dans un étui en ferblanc, à double compartiment.

Le premier de ces instruments est l'*alcoomètre centésimal*, au moyen duquel on reconnaît la *force apparente* du liquide qui, se dilatant en été, à cause de la chaleur, et se condensant en hiver, à cause du froid, paraît être plus ou moins léger qu'il ne l'est réellement.

Le second instrument est le *thermomètre centigrade*, au moyen duquel on reconnaît la *température* du liquide et par suite la force réelle de ce liquide.

Pour connaître le degré réel, il faut donc vérifier : 1º le degré de force apparente avec l'alcoomètre ; 2º le degré de température avec le thermomètre.

Si la température est 15 degrés, le degré indiqué par l'alcoomètre sera celui de la force réelle. Mais comme les spiritueux ne sont pas toujours à cette température, on a déterminé par des expériences combien leur volume et leur force apparents varient pour chaque degré du thermomètre, et on a formé une table de correction dans laquelle les influences de la température sont compensées et le degré apparent ramené au degré imposable fixé par la loi.

On remplit d'abord complétement, avec le liquide, l'étui dans lequel on a préalablement placé le thermomètre ; puis on enfonce *doucement* l'alcoomètre, et on prend pour degré apparent le degré qui est indiqué sur la tige au niveau du liquide. On retire alors le thermomètre pour voir la température et on corrige le degré apparent en consultant la table de correction.

Si la température était inférieure à 15 degrés, on comprend qu'il faudrait *ajouter* au degré apparent ; si, au contraire, la température était supérieure à 15 degrés, il faudrait *déduire* ; c'est pour cela que

DEGRÉS CENTÉSIMAUX INDIQUÉS PAR L'ALCOOMÈTRE	DIFFÉRENCES EN MOINS A AJOUTER AUX DEGRÉS INDIQUÉS PAR L'ALCOOMÈTRE pour obtenir les degrés réels.												
	DEGRÉS DU THERMOMÈTRE CENTIGRADE												
	0	1	2	3	4	5	6	7	8	9	10	11	12 13	14 15
31 à 34	7	6	6	5	5	4	4	3	3	2	2	2	1	0
35	6	6	6	5	5	4	4	3	3	2	2	2	1	0
36 à 39	6	6	6	5	5	4	4	3	3	3	2	2	1	0
40 à 44	6	6	5	5	5	4	4	3	3	3	2	2	1	0
45 à 46	6	6	5	5	5	4	4	3	3	2	2	2	1	0
47 à 53	6	6	5	5	4	4	4	3	3	2	2	2	1	0
54 à 56	6	6	5	5	4	4	3	3	3	2	2	2	1	0
57 à 69	6	5	5	5	4	4	3	3	3	2	2	2	1	0
70 à 71	6	5	5	4	4	4	3	3	3	2	2	2	1	0
72 à 78	6	5	5	4	4	4	3	3	3	2	2	1	1	0
79 à 83	5	5	5	4	4	4	3	3	3	2	2	1	1	0
84	5	5	5	4	4	4	3	3	2	2	2	1	1	0
85	5	5	5	4	4	3	3	3	2	2	2	1	1	0
86 à 91	5	5	4	4	4	3	3	3	2	2	2	1	1	0
92 à 93	5	4	4	4	3	3	3	3	2	2	2	1	1	0
94	5	4	4	4	3	3	3	2	2	2	2	1	1	0
95	4	4	4	4	3	3	3	2	2	2	1	1	1	0
96 à 97	4	4	4	3	3	3	3	2	2	2	1	1	1	0
98	»	»	»	3	2	2	2	2	2	2	1	1	1	0
99	»	»	»	»	»	»	»	»	2	2	1	1	1	0
100	»	»	»	»	»	»	»	»	»	»	»	»	»	»

ORRECTIONS

DEGRÉS CENTÉSIMAUX INDIQUÉS PAR L'ALCOOMÈTRE	DIFFÉRENCES EN PLUS A DÉDUIRE DES DEGRÉS INDIQUÉS PAR L'ALCOOMÈTRE pour obtenir les degrés réels.													
	DEGRÉS DU THERMOMÈTRE CENTIGRADE													
	16	17 18	19	20	21	22	23	24	25	26	27	28	29	30
1-32	0	1	2	2	3	3	3	4	4	5	5	5	6	6
3-34	1	1	2	2	3	3	3	4	4	5	5	6	6	6
5-36	1	1	2	2	3	3	3	4	4	5	5	6	6	6
7-40	1	1	2	2	3	3	3	4	4	5	5	6	6	6
1-43	0	1	2	2	3	3	3	4	4	5	5	6	6	6
4-46	0	1	2	2	3	3	3	4	4	5	5	5	6	6
7-59	0	1	2	2	2	3	3	4	4	5	5	5	6	6
0-70	0	1	2	2	2	3	3	4	4	4	5	5	6	6
1-72	0	1	2	2	2	3	3	4	4	4	5	5	5	6
3-82	0	1	2	2	2	3	3	3	4	4	5	5	5	6
3-85	0	1	1	2	2	3	3	3	4	4	5	5	5	6
6-87	0	1	1	2	2	3	3	3	4	4	4	5	5	6
8-89	0	1	1	2	2	3	3	3	4	4	4	5	5	5
0-91	0	1	1	2	2	2	3	3	4	4	4	5	5	5
2-93	0	1	1	2	2	2	3	3	4	4	4	4	5	5
4-95	0	1	1	2	2	2	3	3	3	4	4	4	5	5
6-97	0	1	1	1	2	2	2	3	3	3	4	4	4	5
97	0	1	1	1	2	2	2	3	3	3	4	4	4	5
98	0	1	1	1	2	2	2	3	3	3	4	4	4	4
99	0	1	1	1	2	2	2	3	3	3	4	4	4	4
100	0	1	1	1	2	2	2	2	3	3	3	4	4	4

la table de correction est divisée en deux parties, l'une qui indique les différences à ajouter, et l'autre les différences à déduire.

Soit un liquide marquant 71 degrés à l'alcoomètre et 22 au thermomètre. En cherchant dans la table le chiffre qui se trouve au point de jonction de la ligne où on lit 71 avec celle du 22e degré du thermomètre, on trouve qu'il faut *déduire* 3 degrés, ce qui ramène à 68 la force réelle du liquide sur lequel on a opéré.

Pour savoir ce qu'une quantité d'eau-de-vie ou esprit contient d'alcool pur, il suffit, après avoir constaté le degré réel de la manière qui vient d'être expliquée, de multiplier cette quantité par le degré réel et de diviser le produit par 100. (Cette division s'opère en séparant deux chiffres à droite). Le résultat exprimera en centilitres la quantité d'alcool pur.

(*Remarque.* — Les fractions d'alcool pur, au-dessous du litre, résultant du calcul des eaux-de-vie ou esprits par le degré centésimal, sont comptées pour un litre si elles égalent 50 ou au-dessus ; dans le cas contraire, elles sont négligées).

Exemple 1 : — Soit une quantité de 3 hectolitres 47 litres d'eau-de-vie à 48 degrés.

On multiplie 3 hectolitres 47 par 48, ce qui donne pour produit 16656 ; en divisant par 100 et en négligeant la fraction, on trouve 167 litres ou 1 hectolitre 67 litres.

Exemple 2 : — Soit une quantité de 12 hectolitres 25 litres à 74 degrés.

Le produit de la multiplication de 12 hectolitres 25 par 74 est 90650, c'est-à-dire 9 hectolitres 06 litres, qui seront imposés pour 9 hectolitres 07 d'alcool pur, la fraction 50 devant être comptée pour un litre puisqu'elle est d'une demie.

Exemple 3 : — Il en serait de même pour une quantité de 12 hectolitres 25 litres à 75 degrés, car le produit de 12 hectolitres 25 par 75 est 91875, représentant 9 hectolitres 19 d'alcool pur, la fraction 75 étant supérieure à 50.

Exemple 4 : — Soit 12 hectolitres 25 litres à 53 degrés ; 12 hectolitres 25 multiplié par 53, produit 64925, représentant seulement 6 hectolitres 49 litres, attendu que la fraction 25 est inférieure à 50 et doit être abandonnée.

Exemple 5 : — Soit enfin 12 hectolitres 25 litres à 52 degrés ; 12

hectolitres 25 multiplié par 52, produit 66700, représentant 6 hectolitres 67, la fraction étant nulle.

Les employés ont la faculté de déguster les boissons et liquides
pour s'assurer de la sincérité de la déclaration ; mais ils ne peuvent,
sous peine de destitution et de dommages et intérêts, extraire des
vases, qui contiennent ces boissons et liquides que les quantités
rigoureusement nécessaires pour en faire la vérification, avec l'obligation expresse de remettre dans les vases le reste des quantités
qui aurait servi à la vérification. Lorsqu'il y a impossibilité de
reverser le reste dans les vases, ce reste doit toujours être remis
au conducteur, ou jeté sur le pavé si le conducteur ne veut pas s'en
charger ; il ne peut, sous peine de révocation et de dommages et
intérêts, être retenu par les employés.

§ 2. — Vérification de l'alcool dénaturé.

On détermine la quantité d'essence tenue en dissolution dans
l'alcool dénaturé au moyen d'un tube gradué et divisé en 30 parties
égales. Dix de ces divisions sont remplies du liquide à vérifier et on
y ajoute le double d'eau. On bouche avec la main l'orifice du tube,
et on agite le mélange que l'on laisse ensuite reposer pendant quelques instants. L'eau s'unit à l'alcool, qui se sépare de l'huile essentielle, laquelle surnage et fait connaître, par le nombre des divisions
qu'elle occupe dans le tube, la classe dans laquelle le liquide doit
être rangé pour la perception. S'il ne marque pas au moins *deux*
dixièmes, il ne fait pas preuve de dénaturation, et doit être imposé
comme alcool non dénaturé, et même saisi, s'il y a eu fausse déclaration. S'il marque de *deux* à *trois* dixièmes, il sera rangé dans la
première classe et ainsi des autres.

Il est évident que si le liquide marquait *dix* dixièmes, c'est-à-dire
s'il surnageait en totalité, ce serait un indice qu'il ne contient pas
d'alcool et que c'est une huile essentielle ordinaire non imposable
pour le Trésor. (*Ordonnance du 14 juin 1844 — Circulaire du 19
juin 1844*).

Les eaux de senteur à base d'alcool se reconnaissent en en versant
une goutte dans un verre d'eau ; si l'eau blanchit, c'est qu'il existe
de l'alcool.

3

§ 3. — Manière de déterminer la capacité des bouteilles.

Pour évaluer la capacité moyenne des bouteilles, on en prend trois ou quatre au hasard parmi celles qui sont présentées, et on en verse le contenu dans le litre en verre gradué. La quantité de liquide ainsi obtenue et divisée par le nombre de bouteilles employées donne la contenance moyenne.

Pour arriver à un résultat exact, il faut avoir soin de choisir un nombre égal des bouteilles qui paraissent les plus-grandes et de celles qui paraissent les plus petites. Si les bouteilles ne sont pas du même modèle, il faudra opérer séparément pour les bouteilles de chaque espèce, à moins qu'elles ne soient à peu près de même contenance.

CHAPITRE V

Du pesage des vinaigres concentrés.

Une note du tarif fixant à 2 degrés 3/4 la force ordinaire du vinaigre, on a construit pour la vérification des vinaigres concentrés, acides acétiques, etc., des *pèse-vinaigre* dont les indications ont pour base la force de 2 degrés 3/4 prise pour unité.

Si donc on avait à vérifier un hectolitre de vinaigre marquant *un* degré à cet instrument, il est évident que ce vinaigre serait de force ordinaire ; si au contraire l'instrument indiquait 2 degrés, on comprend que ce vinaigre serait d'une force double et que l'hectolitre en question en représenterait deux de force ordinaire.

De même un hectolitre de vinaigre marquant 6 degrés 1/4 devrait être taxé comme 6 hectolitres 25 litres de vinaigre ordinaire. (*Voyez les articles* 25, *et* 108 *à* 111 *du Règlement*).

CHAPITRE VI

Des contraventions et des rapports relatifs aux procès-verbaux.

---

§ 1er

Les employés d'octroi sont tenus, sous peine de destitution, de constater :

1° Les contraventions aux lois qui régissent les *Contributions indirectes* (*boissons, cartes à jouer, tabacs, voitures publiques, poudres à feu, sucres, chicorée* et *allumettes*) ;

2° Les contraventions en matière de *Douane* ;

3° Les contraventions en matière de *Timbre* ;

4° Les contraventions en matière de *Poste*, résultant du transport frauduleux des lettres et imprimés ;

5° Les contraventions relatives aux lois sur la *Chasse* et la *Pêche*, aux règlements concernant la *Voirie*, les *Plantations publiques* et la *Police* des portes, barrières ou autres lieux de perception.

§ 2.

Le procès-verbal est le mode légal de constatation des contraventions et le point de départ des poursuites.

Toutes les fois qu'un employé découvre une contravention il doit la constater par un procès-verbal et adresser au Préposé en chef un rapport précisant les faits.

En conséquence, immédiatement après la découverte de la fraude et la déclaration de procès-verbal, quand les faits, dires et aveux du contrevenant sont encore bien présents à l'esprit, les employés doivent prendre des notes pour servir à la rédaction de leurs rapports.

Ces rapports, qui sont destinés à servir de base aux procès-verbaux, doivent être de la plus rigoureuse exactitude et aussi détaillés que possible.

Ils contiendront toutes les énonciations relatives aux formalités qui doivent figurer dans les procès-verbaux et qui doivent avoir été accomplies par les employés verbalisants au moment même de la saisie.

Ces énonciations et formalités, qui vont être énumérées, ne sont pas toutes prescrites à peine de nullité, en matière d'octroi ; néanmoins on ne doit en négliger aucune, parcequ'elles donnent une plus grande authenticité aux procès-verbaux et rendent plus faciles l'instruction des procédures.

Elles sont toutes obligatoires en matière de Contributions indirectes.

Les employés qui opèrent une saisie doivent donc :

1° Faire connaître leur qualité au contrevenant ;

Cette formalité est indispensable à l'égard des employés non revêtus de l'uniforme et agissant ailleurs qu'aux barrières ;

2° Prendre note de l'heure et du lieu où la saisie se fait ;

3° Demander au prévenu s'il ne transporte rien de sujet aux droits; le sommer d'exhiber les expéditions, s'il y a lieu ; en examiner la date, l'heure et le délai ;

4° Expliquer avec détails dans les rapports les faits constituant la contravention.

Il importe de bien préciser le fait de fraude. L'énonciation des faits constitutifs de la contravention doit être claire, nette, sans ambiguité. *Cette partie doit être l'expression de la vérité et ne rien contenir qui ne soit rigoureusement exact ou qui puisse donner lieu à un doute.*

Les réponses du prévenu devront être aussi textuelles que possible. En cas de rébellion, d'injures ou de voies de fait, le rapport mentionnera la nature exacte des coups ou des mots injurieux.

S'il s'agit d'une introduction frauduleuse dans une maison, on en indiquera la situation par le nom de la rue et en citant le numéro ;

5° Constater le jaugeage, mesurage ou pesage des objets saisis, la nature de ces objets, la présence ou l'absence du prévenu à ces opérations, ainsi que la sommation qui lui sera faite d'y assister ; mentionner le manquant ou l'excédant reconnu et les observations du prévenu ;

6° Sommer le prévenu de déclarer ses nom, prénoms, profession et demeure ;

7° Indiquer exactement la provenance, la nature et les numéros des expéditions confisquées, et joindre ces expéditions au rapport.

On devra analyser de même les expéditions qui auraient été délivrées pour régulariser les opérations et en transmettre également les duplicata ;

8° Déclarer procès-verbal tant au prévenu que contre les personnes pour le compte desquelles il agit ;

9° Estimer les objets saisis, de gré à gré et modérément ;

10° Offrir main-levée moyennant consignation et mentionner le refus ou l'acceptation ;

11° Si la saisie porte sur des surcharges ou altérations des expéditions, constater ces altérations ainsi que le défaut de concordance entre l'énoncé des expéditions et les objets auxquels on prétend les appliquer.

Ces expéditions seront paraphées et le contrevenant sera sommé de les parapher également. — Mentionner son acceptation ou son refus et annexer les pièces au rapport ;

12° Informer le prévenu que la rédaction du procès-verbal aura lieu le lendemain (dimanche excepté) à 9 heures du matin, si la saisie concerne l'Octroi seulement, et à 2 heures du soir, si la saisie concerne les Contributions indirectes, au bureau de la direction de l'Octroi, rue du Loup, n° 71, et le *sommer* d'y assister. — Mentionner sa réponse ;

13° En cas de refus du prévenu de déclarer son nom, on prendra les indications de la plaque de la voiture ou de la charrette, ainsi que le numéro du fiacre.

Les procès-verbaux relatifs aux Contributions indirectes devant être rédigés à 2 heures de l'après-midi et les autres à 9 heures du matin, il est indispensable que les rapports des employés soient rédigés le jour même de la saisie.

§ 3.

En matière d'octroi, lorsque les objets sont de peu d'importance et que les circonstances seront de nature à ne faire soupçonner aucune fraude intentionnelle ou préméditée, les employés saisissants pourront en donner main-levée moyennant une consignation de la valeur des objets saisis.

Tout excédant à l'entrée et tout manquant à la sortie donnent lieu à la saisie de l'excédant ou du manquant, à moins qu'ils ne dépassent le tiers de la quantité déclarée, auquel cas il y a lieu à la saisie totale. (*Art. 64 du décret du 17 mai 1809*).

En matière de contributions indirectes, lorsque les expéditions qui accompagnent un chargement ne sont pas conformes, soit pour les *espèces*, soit pour les *qualités*, à celles du dit chargement, ces expéditions doivent être considérées comme inapplicables, et les boissons être réputées transportées en fraude. (*Arrêt de la Cour de cassation du 24 mars* 1820).

En cas de différence dans le nombre des pièces qui composent un chargement, il faut considérer celles mentionnées en l'expédition comme transportées légalement, et l'on ne doit saisir que les pièces qui sont en excédant.

Mais on doit saisir la totalité du chargement lorsque l'excédant est réparti entre toutes les futailles, c'est-à-dire lorsque celles-ci ont été déclarées pour une contenance différente de la contenance réelle.

Toute différence entre la quantité des boissons trouvées en cours de transport et celle énoncée à l'expédition rend cette expédition inapplicable et doit la faire considérer comme nulle.

Enfin il doit y avoir *identité complète* entre le chargement et l'expédition. Toute différence constitue une contravention. (*Décision du Conseil d'administration du 29 décembre* 1819. — *Arrêts de la Cour de cassation des 14 février* 1840 *et 4 juillet* 1844. — *Mémorial* 10, 450 *et* 451).

En cas de refus de visite, les employés déclareront procès-verbal d'opposition et saisie des objets soustraits à la vérification, en indiquant quelle peut être la nature et l'importance de ces objets, d'après les présomptions.

Quiconque fait entrer en transit des objets soumis aux droits et qui, pour en faire constater la sortie, présente d'autres *objets de nulle valeur*, commet une contravention équivalente à une introduction frauduleuse. Les employés doivent saisir *fictivement* les objets *entrés et non représentés à la sortie*. (*Arrêt de la Cour criminelle de Bordeaux, du 20 janvier* 1809).

Procès-verbal d'opposition ou de trouble dans l'exercice des fonctions des employés doit être déclaré à tous individus qui endommageraient les bureaux, guérites, poteaux, barrières, tableaux et tous autres objets servant à la perception de l'octroi, qui injurieraient, troubleraient les préposés dans leurs fonctions, ou se porteraient envers eux à des voies de fait.

Pour que les injures ou menaces constituent une contravention fiscale, il faut qu'elles aient pour objet d'empêcher ou de troubler l'exercice des employés. (*Arrêt de la Cour de cassation du 22 janv. 1819*).

Toute expression outrageante, terme de mépris ou invective, qui ne renferme l'imputation d'aucun fait, est une injure. (*Art. 13 de la loi du 17 mai 1819*).

Une pierre jetée aux employés d'octroi, sans les atteindre, constitue un délit de rébellion. (*Jugement du Tribunal de Mâcon, du 28 novembre 1864*).

En cas de contravention résultant d'injures, menaces et troubles apportés à l'exercice de leurs fonctions, les employés ne doivent user du procès-verbal qu'à la dernière extrémité, quand tous les moyens de conciliation sont épuisés.

§ 4.

Lorsque les employés arrêtent ou provoquent l'arrestation d'un fraudeur, ils doivent en rendre compte immédiatement au Préposé en chef et conduire sur le champ le contrevenant devant le commissaire de police le plus voisin, qui seul a le droit d'ordonner l'emprisonnement.

Toute personne soupçonnée de transporter sous ses vêtements des objets soumis aux droits, à l'aide d'ustensiles ou de moyens préparés, tels que vessies, vases qui s'adaptent au corps, ou d'opérer une introduction frauduleuse à l'aide de voitures, colliers de chevaux, selles, paniers, tonneaux, etc., à double fonds, sera préalablement invitée à suivre les employés chez le commissaire de police ou à la Permanence, pour y être interrogée et la visite de ses effets être autorisée, s'il y a lieu, à moins qu'elle ne préfère entrer au bureau de l'octroi pour y mettre en évidence et déposer les objets qu'elle transporte.

Les voitures à double fonds et autres ustensiles spécialement confectionnés pour la fraude seront confisqués et les contrevenants remis entre les mains de la force armée, s'ils ne peuvent sur-le-champ fournir une caution ou consigner le maximum de l'amende encourue.

En cas de fraude commise avec escalade, par voie de souterrain ou à main armée, le fraudeur pris en flagrant délit sera toujours constitué prisonnier, sans qu'il puisse obtenir sa mise en liberté moyennant consignation ou caution.

. Les faits qualifiés d'escalade sont : 1º de passer chargé de fraude en essayant d'escalader les murs, haies ou palissades, de franchir le fossé ou la barrière qui défend l'entrée du lieu sujet ; 2º de jeter de l'extérieur dans l'intérieur des objets de fraude, de les recevoir ou transporter après l'escalade ; 3º de concourir à l'introduction de la fraude à l'aide de cordes, crochets, échelles et autres ustensiles propres à la faire passer dans l'intérieur de la ville.

La fraude peut être considérée comme faite à main armée lorsque les contrevenants ont fait usage de bâtons ou lancé des pierres contre les préposés.

§ 5.

Les employés de l'octroi sont sans qualité hors du territoire de la commune.

Ils doivent toujours être porteurs de leur commission pour être en état de justifier de leur qualité aux assujétis.

Il est d'autant plus nécessaire que les employés exécutent les prescriptions de la loi, qu'ils ne peuvent requérir l'assistance de l'autorité ou de la force publique sans être munis de leur commission, qu'ils sont obligés d'exhiber à la première demande qui leur en est faite.

CHAPITRE VII

Des principaux registres dont il est fait usage dans les bureaux de l'Octroi.

A (1ʳᵉ partie).— Perception des droits d'octroi, supérieurs à 1 franc et afférents à tous les articles du Tarif, autres que le vin, le cidre, le poiré, l'hydromel et l'alcool. En sus des droits d'octroi, il doit être perçu, au profit du Trésor, 10 centimes pour le timbre de chaque quittance. (*Voyez les articles 7 à 28 du Règlement*).

(2ᵐᵉ partie). — Dépouillement de la 1ʳᵉ partie.

T.— Registre de *Petit comptant* pour les perceptions ne dépassant pas 1 franc. Ce registre n'est pas timbré ; en outre des droits intéressant spécialement l'Octroi, on y perçoit les droits dus pour le vin entrant en ville en petite quantité.

L'emploi du registre T pour les perceptions sur les alcools est interdit, même pour les plus petites quantités.

Dans le cas où de petites quantités de vin seraient introduites **avec** un congé ou un acquit-à-caution, il faudrait percevoir au Nº 10.

Les droits perçus au registre T et qui intéressent spécialement l'Octroi, sont reportés tous les huit jours au registre A.

Ceux qui intéressent le Trésor sont émargés d'abord dans une colonne spéciale et additionnés à part, pour être reportés tous les mois au Nº 10.

Nº 10. — Registre de perception pour les vins, cidres, poirés et spiritueux entrant en ville ou sortant d'entrepôt, et destinés à la consommation.

S'il s'agit de vin *accompagné d'expéditions*, il faut opérer au Nº 10.

S'il s'agit de vin *non accompagné d'expéditions*, on délivre un congé du registre 4 A et une quittance du Nº 10, lorsque la quantité n'excède pas 24 litres. Pour 25 litres et au-dessus, on délivre un congé du registre Nº 1ᵉʳ.

S'il s'agit d'alcool *non accompagné d'expéditions*, on délivre un congé du registre 4 B.

K bis. — Journal des *recettes accessoires*.

B. — **Passe-debout** pour tous les articles autres que le vin, le cidre, le poiré et les spiritueux. (*Voyez les art. 40 à 48 du Règlem.*).

N° 11. — .Passe-debout pour le vin, le cidre, le poiré et les spiritueux. (*Voyez l'article* 39 *du Règlement*).

C. — **Transit-Octroi.** (*Voyez les articles* 49 *à* 58 *du Règlement*). Cette expédition n'est délivrée qu'au Bureau central.

N° 12. — **Transit-Trésor.** (*Voyez les articles* 49 *à* 58 *du Règlement*).

D. — **Bulletin d'entrepôt-Octroi.** (*Voyez les articles* 59 *à* 99 *du Règlement*).

N° 13. --- **Bulletin d'entrepôt-Trésor.** — (*Voyez les articles* 100 *à* 107 *du Règlement*).

N° 1ᵉʳ — **Congés** (vin). Droit de circulation.

2 A. — **Acquits-à-caution.** (Vin, cidre et poiré.)

2 B. — **Acquits-à-caution.** (Alcool).

3 B. — **Passavants.** (Assujettis et consommateurs.)

4 A — **Congés** (vin). Droit de détail à l'enlèvement.

4 B — **Congés** (alcool). Droit de consommation.

On délivre des congés de ce registre pour les spiritueux entrant en ville sans être accompagnés d'expéditions.

Permis de sortie ou d'exportation-Octroi, pour les marchandises provenant des entrepôts d'octroi et allant hors des limites de l'octroi.

L'article 77 du Règlement détermine le minimum des quantités pour lesquelles il doit être délivré des permis de sortie.

Permis d'exportation-Trésor, pour les boissons provenant d'entrepôt et allant hors des limites de l'octroi.

Les permis d'exportation imprimés sur *papier blanc* sont spécialement destinés aux vins. Ceux qui sont imprimés sur *papier jaune* sont destinés aux spiritueux.

E divers. — Enregistrement à la sortie, des *passe-debout, divisions de passe-debout* et *transits* mentionnant tous les articles du Tarif, autres que le vin et l'alcool.

E spécial. — Enregistrement à la sortie, des passe-debout, transits et permis d'exportation mentionnant du vin ou des spiritueux. (Timbre de chaque enregistrement : 10 cent.)

Laissez-passer, pour l'enlèvement partiel des objets déposés sur les cales après déclaration. (*Articles* 10, 13, 14, 21 *et* 24 *du Règlement*).

CHAPITRE VIII

Observations générales sur la perception, la surveillance et les devoirs des employés.

Tout porteur ou conducteur d'objets assujétis aux droits d'octroi est tenu, avant de les introduire, d'en faire la déclaration au bureau et d'acquitter immédiatement les droits si les objets sont destinés à la consommation locale.

Est en contravention l'introducteur d'objets soumis aux droits qui, après avoir fait une fausse déclaration, rectifie celle-ci lorsque les employés se mettent en devoir de procéder à la vérification. — La loi exige une déclaration préalable à l'introduction ; elle n'en exige qu'une, elle la veut exacte. (*Arrêt de la Cour de cassation, du 21 novembre* 1840).

Toute perception donne lieu à la délivrance d'une quittance motivée, qui ne peut être retenue sous aucun prétexte ni dans aucun cas, et qui doit désigner exactement la nature et la quantité des objets auxquels elle se rapporte.

On portera toujours les quantités, les sommes et les dates en toutes lettres, tant à la souche qu'à l'ampliation.

Lorsqu'il y aura des ratures ou des surcharges, soit à la souche, soit à l'ampliation, on devra les approuver.

On doit toujours rédiger la souche avant l'ampliation.

Toutes les fois que le résultat du calcul du droit à percevoir par l'objet à taxer présente une fraction de centime, on doit la considérer comme un centime entier.

Exemple : — 6 kilos de foin, multiplié par 0ᶠ 70ᶜ les 100 kilos, produit 420 ou 4 centimes, plus la fraction 20 qu'on abandonne en forçant le 4, ce qui porte à 0ᶠ 05ᶜ la taxe à percevoir.

En remettant la quittance on exprimera verbalement, d'une manière rigoureuse, la somme qui s'y trouve portée, et on n'acceptera les fort-centimes que dans le cas où ni le redevable, ainsi mis en demeure de se libérer exactement, ni l'employé qui perçoit, n'auraient les moyens de parfaire la somme exigible.

Toute perception non autorisée par le tarif et le règlement est réputée concussion et punie comme telle.

D'après les instructions des contributions indirectes, toute bouteille de contenance inférieure au demi-litre doit être comptée pour un litre ; celles d'une contenance inférieure au litre mais supérieure au demi litre, doivent être comptées pour un litre.

En matière d'octroi, c'est-à-dire s'il s'agit de vinaigre, bière, huile ou eau de senteur non alcoolisée, les bouteilles doivent être comptées à raison de leur contenance réelle.

Les recettes doivent être arrêtées chaque soir, en toutes lettres, à la suite de la dernière quittance délivrée, et le montant de la perception de la journée doit être ensuite reporté au journal récapitulatif et au livre de caisse. (*Ordre du jour du 12 novembre 1844*).

Toutes les fois qu'en délivrant une expédition un Receveur reconnaîtra la nécessité d'y faire une surcharge ou d'y introduire un renvoi, il devra y faire apposer la signature des employés de service. (*Ordre du jour du 15 décembre 1843*).

Les Receveurs sont responsables du matériel et de tous les ustensiles. Ils doivent veiller à la conservation de ces objets et faire en sorte que les bureaux soient entretenus dans un état de propreté convenable.

Les employés doivent toujours avertir les contribuables de faire leurs déclarations avant de débarquer ou d'introduire quelque objet sujet aux droits. Ils doivent les aider, autant que cela dépend d'eux, dans leurs déclarations. S'il était reconnu, au moment de l'introduction, que les déclarants eussent commis quelque erreur notable à leur préjudice, l'employé qui s'en apercevrait devrait en référer au chef de poste, pour que la quittance fût rattachée à la souche et que le Receveur en délivrât une nouvelle conforme à la quantité reconnue, après avoir pris la précaution de faire constater l'erreur reconnue, au dos de la première, par les Vérificateurs ou autres employés de service.

Aucune introduction d'objets soumis aux droits ne peut avoir lieu sans que l'employé ait appelé, pour en faire la vérification, le Vérificateur ou, à défaut, le Receveur sous les ordres desquels il se trouve placé.

Pour la vérification des objets d'une mesure difficile, tels que le métrage des bois de construction, le cubage des bateaux de plâtre ou de charbon, etc., les Vérificateurs devront se faire assister des Capitaines chargés de suivre spécialement ces sortes d'opérations.

La visite des voitures publiques et particulières, des fourgons, tombereaux, charrettes et de tous autres moyens de transport, est formellement prescrite aux employés. Ils doivent s'assurer, en passant la sonde dans les voitures de foin, de paille, son, avoine, farine, bois, etc., que le contribuable n'y a pas caché des objets soumis aux droits; mais ils devront éviter de se servir de cet instrument pour la visite des colis qui leur seraient désignés comme contenant des objets susceptibles d'être endommagés.

Ils doivent user des plus grands ménagements envers les redevables dans les vérifications des malles ou colis renfermant des objets d'habillement.

Le droit de visiter les voitures particulières doit être pratiqué avec discernement. Cette mesure ne doit pas être une occasion de gène et de vexation contre les citoyens. L'assujettissement est commun à toutes les voitures indistinctement, mais l'on conçoit que le plus grand nombre ne peut être visité que brièvement et avec des manières *constamment polies*; et ce n'est qu'à l'égard de celles contre lesquelles s'élèvent des soupçons de fraude qu'il y a lieu de se livrer à des recherches. (*Circulaire du 29 août* 1834).

Les employés doivent éviter toute relation avec les individus connus pour se livrer habituellement à des manœuvres frauduleuses. Si des propositions étaient faites à un employé pour favoriser la fraude, ou s'il savait qu'une tentative de fraude dût avoir lieu, son devoir serait d'en donner immédiatement avis au Préposé en chef, à peine d'être considéré comme complice de cette fraude.

Le port d'armes est accordé aux préposés de l'octroi dans l'exercice de leurs fonctions. Ceux qui abuseraient de cette faculté seront destitués, sans préjudice des poursuites judiciaires auxquelles ils auront donné lieu. (*Art.* 137 *du Règlement*).

Les employés ne doivent faire usage de leurs armes qu'à leur corps défendant, dans un danger imminent et pour *sauver leur vie*.

L'usage qu'on en ferait dans toute autre circonstance serait considéré comme violence et exposerait les employés à être poursuivis criminellement et destitués (*Circ. du* 11 *nov.* 1811).

Les employés doivent apposer, après vérification des chargements, des *visas* au verso des *congés*, *acquits* ou *passavants* qui accompagnent les boissons à l'*entrée ou à la sortie.*

Ces visas, qui consistent dans la mention du *jour* et de l'*heure* du transport, ainsi que du *bureau* par lequel il s'effectue, doivent être consignés dans une des cases destinées aux agents de la Régie *et non dans celle réservée au service de la Douane.*

Aucun chargement de boissons, entrant ou sortant, ne doit s'éloigner des barrières sans emporter ce visa. (*Ordre du jour du* 24 *avril* 1872).

Les employés doivent avoir soin de faire leur signature *lisiblement,* toujours de la même manière et avec le même paraphe. Il est essentiel que les signatures des employés dont le nom ne se compose que d'un petit nombre de lettres soient accompagnées d'un paraphe.

Les colis qui seront revêtus du sceau de la justice et accompagnés d'une réquisition spéciale des magistrats de l'ordre judiciaire indiquant leur nature et leur destination doivent entrer sans expédition et sans vérification. (*Ordre du jour du* 18 *janvier* 1860).

Les armes de guerre entrant en ville doivent être retenues à la barrière, et les employés doivent en informer immédiatement le commissaire de police de l'arrondissement, qui viendra s'assurer de la destination des dites armes et prescrira les mesures à prendre. (*Ordre du jour du* 28 *septembre* 1849).

Les employés doivent s'opposer à l'introduction de tout convoi de poudre à feu hors de la présence d'un commissaire de police. (*Arrêté du Maire du* 22 *janvier* 1869. — *Ordre du jour du* 2 *mars* 1869).

Chaque fois qu'un corps humain sera présenté pour entrer en ville en l'absence d'un commissaire de police ou de ses délégués, les employés s'assureront que le corps est accompagné de l'autorisation administrative nécessaire. Si cette autorisation est régulière, ils laisseront librement circuler le convoi, et ils ne s'opposeront à l'entrée que si cette autorisation n'est pas représentée. (*Ordre du jour du* 10 *avril* 1866).

Les employés de service sur les quais doivent veiller soigneusement à ce que les futailles et autres marchandises qui y sont déposées soient respectées. Ils doivent s'opposer à toute tentative de larcins dont ils pourraient être l'objet, conduire les délinquants au poste de police le plus voisin et les signaler dans leurs rapports. *(Ordre du jour du 4 septembre* 1863).

Les employés de l'octroi ne peuvent ni faire le commerce des objets tarifés, ni s'intéresser à ce commerce, soit comme associés, soit comme bailleurs de fonds ou commanditaires..

Tout employé qui favorisera la fraude , soit en recevant des présents, soit de toute autre manière, sera mis en jugement et condamné aux peines portées par le Code pénal contre les fonctionnaires publics prévaricateurs. — *(Art.* 16 *de la loi du* 27 *frimaire an VIII et art.* 63 *du* 9 *décembre* 1814).

La probité, la sobriété et l'activité dans le service sont des qualités essentielles que doivent nécessairement posséder les employés de l'octroi. Il doivent être soumis envers leurs supérieurs et exécuter ponctuellement les ordres qui leur sont donnés. Continuellement en contact avec le public, dont les intérêts sont en opposition avec ceux qu'ils sont chargés de défendre, les employés sont tenus de conserver, dans leurs relations avec les redevables, le sentiment des convenances. L'honnêteté et la politesse leur sont expressément recommandées.

Ils doivent s'attacher à adoucir envers les redevables ce que la loi pourrait avoir de rigoureux. — Celle-ci doit, sans doute, être exécutée strictement; mais on peut remplir son devoir sans rudesse et l'exactitude dans le service n'exclut pas la politesse et les égards.

Quand même les redevables se conduiraient de manière à faire oublier ces principes, les employés ne doivent jamais s'en écarter.

La loi est la seule arme dont ils doivent se servir. L'employé qui comprend la force que lui donne la loi reste calme devant l'injure, et loin de la repousser par des propos analogues à ceux qui lui sont adressés, il doit, dans une telle circonstance, rapporter procès-verbal de la contravention et laisser à l'administration le soin de punir.

TABLE DES MATIÈRES

SUPPLÉMENT

AU

GUIDE DU VÉRIFICATEUR

A L'USAGE

DES EMPLOYÉS DE L'OCTROI DE BORDEAUX ([1])

PAR

Émeric VIAU

~~~~~~~~~~

Modifications au régime de perception sur les boissons spiritueuses,
les vins alcoolisés et autres préparations à base alcoolique.
Répression des fraudes.

~~~~~~~~~~

§ 1er. — NOUVEAU RÉGIME DE PERCEPTION SUR LES SPIRITUEUX.

1 — Depuis 1824, les liqueurs, les fruits à l'eau-de-vie et les eaux-de-vie en bouteilles étaient taxés comme alcool pur pour leur volume total, tandis que les eaux-de-vie et esprits en cercles n'étaient imposés que d'après leur force alcoolique réelle.

L'Assemblée nationale a voté, le 26 mars 1872, une loi qui met fin à ce régime différentiel et dispose (*art.* 1er) que *les liqueurs, les fruits à l'eau-de-vie et les eaux-de-vie en bouteilles seront taxés comme les eaux-de-vie et esprits en cercles*, PROPORTIONNELLEMENT A LEUR RICHESSE ALCOOLIQUE.

2 — En outre (ainsi qu'il était dit page 32 du *Guide du Vérificateur*), les fractions d'alcool pur étaient jusqu'ici comptées pour un litre si elles égalaient 50, et négligées si elles étaient inférieures.

L'art. 9 de la loi du 27 juillet 1870 modifie également cette disposition et prescrit de régler désormais les perceptions, prises en

---

([1]) A intercaler page 32 du *Guide du Vérificateur* (2e édition.)

charge, etc..., *d'après la quantité d'alcool pur déterminée en centilitres*. (*Circulaire n° 21 bis, du 24 décembre 1870, et n° 47 du
8 avril 1872*).

3 — Les déclarations d'enlèvement relatives aux liqueurs, fruits
à l'eau-de-vie et eaux-de-vie en bouteilles doivent énoncer leur
degré alcoolique, lequel sera mentionné dans les acquits à caution et
passavants. (*Loi du 26 mars 1872, art. 7.*)

4 — L'absinthe, soit en bouteilles, soit en cercles, est considérée
comme alcool pur. (*Loi du 28 février 1872, art. 3.*)

Là préparation concentrée connue sous le nom d'*Essence d'absinthe*
ne sera plus fabriquée et vendue qu'à titre de substance médicamen-
teuse. (*Loi du 26 mars 1872, art. 4.*) — En conséquence, l'essence
d'absinthe ne peut plus être fabriquée ni vendue que dans les phar-
macies. (*Circulaire du 8 avril 1872.*)

§ 2. — NUMÉROTAGE DES FUTS DE SPIRITUEUX.

5 — L'article 6 de la loi du 28 février 1872 oblige les expéditeurs
de boissons spiritueuses à numéroter les futailles et à déclarer, pour
chaque fût, son numéro, sa contenance et le degré des spiritueux
qu'il renferme.

6 — Pour s'assurer de l'exactitude des déclarations, les employés
pourront faire porter leur vérification sur quelques fûts pris au
hasard ou choisis parmi ceux qui donneraient particulièrement lieu
au soupçon. — Il est bien entendu que la vérification serait complétée
dans tous les cas où le contrôle partiel amènerait la découverte de
fraudes.

7 — Les indications ci-dessus rappelées devront toujours être
exigées des déclarants; les buralistes auront soin de les inscrire
ant à la souche des registres que sur les expéditions.

8 — La loi ne précise pas de quelle manière les numéros seront
inscrits sur les futailles. Il suffira, par exemple, qu'ils soient tracés
à la craie. — L'important c'est que les numéros soient parfaitement
lisibles. (*Circulaire du 5 juillet 1873.*)

§ 3. — ALCOOLS DÉNATURÉS.

9 — Par une tolérance plutôt qu'en vertu de la loi, la régie avait
admis que les vernis, eaux de senteur et autres préparations à base

alcoolique, pour lesquelles le droit général de consommation devrait être acquitté au moment de la fabrication, pussent circuler sans expédition.

Dorénavant toutes les préparations à base alcoolique doivent être soumises aux mêmes formalités de circulation que les spiritueux ordinaires, en exécution de l'article 4 de la loi du 28 février 1872, ainsi conçu :

« *Sont assujettis aux formalités à la circulation prescrites par le chapitre I, titre Ier, de la loi du 28 avril 1816, les vernis, eaux de senteur, éthers, chloroformes et autres préparations à base alcoolique.* »

Ces préparations ne peuvent donc être transportées sur la voie publique qu'en vertu de congés 4 B ou d'acquits à caution 2 B, congés constatant le paiement du droit de consommation, acquits à caution garantissant la perception de ce droit ou établissant qu'elle a été effectuée antérieurement. (*Circulaire du 3 mars* 1872.)

10 — Les alcools dénaturés de manière à ne pouvoir être consommés comme boissons seront soumis, en tous lieux, à une taxe spéciale, dite de *Dénaturation*, dont le taux est fixé en principal à 30 francs par hectolitre d'alcool pur (*Loi du 2 août* 1872, *art.* 4), soit 36 francs avec le double décime.

11 — Les passavants et acquits à caution délivrés aux fabricants de vernis et autres préparations analogues doivent spécifier que les produits expédiés consistent en vernis, etc., etc., fabriqués *avec de l'alcool dénaturé* et énoncer le volume total de ces produits, ainsi que la quantité d'alcool pur qu'ils contiennent. (*Lettre du 2 mai* 1873.)

§ 4. — Acquits a caution (blancs, rouges et bleus) a délivrer suivant la nature des spiritueux.

12 — Tout acquit à caution devra porter l'indication des substances avec lesquelles ont été fabriqués les produits qu'il accompagnera.

13 — L'acquit à caution délivré sera sur papier *blanc* pour les alcools de vin ou provenant de substances vinicoles et pour les esprits provenant de la distillation de cidres, de poirés, de pommes, de poires, de cerises et de prunes.

Il sera sur papier *rouge* pour les alcools d'industrie provenant de la distillation de grains, mélasses, betteraves, sorgho, etc.

Enfin il sera sur papier *bleu* pour les mélanges provenant partie de la distillation de vins, marcs et lies de vin, et partie de là distillation d'autres substances. (*Loi du 2 août* 1872. — *Circulaire du* 19 *septembre* 1872.)

14 — Les buralistes devront recevoir sans contestation les déclarations qui leur seront faites relativement à l'origine des spiritueux ; mais ils devront avoir soin d'avertir les expéditeurs qu'ils sont tenus, sous peine d'amende, d'apporter de la sincérité dans ces déclarations. (*Circulaire du* 19 *septembre* 1872.)

§ 5. — ETHER, COLLODION, CHLOROFORME, ETC., IMPORTÉS DE L'ÉTRANGER.

15 — Indépendamment du droit de douane, l'éther, le collodion, le chloroforme, le chloral et l'hydrate de chloral, le fulminate de mercure et les savons transparents *importés de l'étranger* doivent payer le droit général de consommation. (*Lettre des* 15 *juin* 1866, 27 *mars* 1868, 3 *octobre* 1872, 30 *décembre* 1872 *et* 4 *février* 1873.)

16 — Le droit général de consommation sur l'éther, le collodion, le chloroforme, le chloral et l'hydrate de chloral est calculé à raison de *deux* litres d'alcool pur par kilogramme. (*Lettre des* 15 *juin* 1866, 27 *mars* 1868 *et* 3 *octobre* 1872.)

17 — Pour le fulminate de mercure, chaque kilogramme représente *sept litres vingt centilitres* d'alcool pur, 8 litres à 90 degrés. (*Lettre du* 30 *décembre* 1872.)

18 — A l'égard des savons transparents importés, un kilogramme correspond à *un* litre d'alcool pur. (*Lettre du* 24 *février* 1873.)

19 — La perception sur les produits importés a pour base la déclaration des importateurs et les constatations du service des douanes.

Elle s'effectue au bureau de la régie le plus rapproché du point d'introduction, et elle est inscrite au même registre n° 4 B que les paiements afférents aux alcools en nature.

La souche et l'ampliation de ce registre doivent énumérer à la fois le poids du produit et la quantité représentative d'alcool.

Quant à l'émargement, il comprend seulement la quantité d'alcool imposée.

Avant de permettre l'enlèvement, le service des douanes est tenu de se faire représenter la quittance justificative de l'acquittement du droit général de consommation. (*Lettres précitées.*)

20 — Dans les villes sujettes, les produits en question sont affranchis des droits d'entrée, mais, lorsqu'ils sont taxés par les tarifs communaux, ils doivent acquitter les droits d'octroi, sans préjudice du droit général de consommation. (*Ibid.*)

§ 6. — VINS ALCOOLISÉS.

1° *Vins alcoolisés importés.*

21 — La surcharge alcoolique entre 14 et 15 degrés est passible du simple droit de consommation. (*Loi du 8 mai 1869, art. 5.*)

2° *Vins alcoolisés importés et autres.*

22 — Les vins présentant une force alcoolique supérieure à 15 degrés sont imposés comme vins et doivent payer, en outre, les doubles droits de consommation, d'entrée et d'octroi, pour la quantité d'alcool comprise entre 15 et 21 degrés. — Les vins présentant une force alcoolique supérieure à 21 degrés sont imposés comme alcool pur. (*Loi du 1ᵉʳ septembre 1871, art. 3.*) — (Vins du Roussillon, V. 23.)

3° *Vins présentant une richesse alcoolique naturelle de 15 à 18 degrés.*

23 — Les vins expédiés du Roussillon qui seront connus comme présentant naturellement une force alcoolique supérieure à 15 degrés sans dépasser 18 degrés, seront marqués au départ chez le récoltant expéditeur, avec mention sur l'acquit à caution et seront affranchis des doubles droits de consommation, d'entrée et d'octroi. (*Loi du 2 août 1872, art. 3.*)

24 — Les acquits à caution et les congés délivrés aux récoltants pour les vins dont il vient d'être parlé, porteront en caractères apparents la mention : «*présentant une force alcoolique naturelle de   degrés.*» (*Circulaire du 19 septembre* 1872.)

25 — La perception des surtaxes applicables aux vins de 15 à 21 degrés s'établit sur le nombre exact de centilitres d'alcool déterminé en multipliant les quantités de vin par le nombre de *degrés passibles.* (*Lettre du 28 février* 1872.)

L'application de cette mesure est d'autant plus facile que chaque degré passible, c'est-à-dire supérieur à 15 degrés, correspond exactement à un centilitre d'alcool pur. Ainsi, un litre de vin à 17 degrés donne *deux* degrés passibles représentant *deux centilitres* d'alcool imposable. De même 6 bouteilles de vin à 17 degrés représentent 12 centilitres d'alcool imposable.

26 — Dans le cas de contestation et si les contribuables persistent à soutenir que les vins n'ont pas la force alcoolique reconnue par le service, les employés devront, en dressant un procès-verbal circonstancié, lever et placer sous leur cachet et sous celui des redevables opposants, de doubles échantillons des vins en quantité suffisante pour que ces vins puissent être soumis à une vérification par expert. (*Arrêt du 6 avril* 1821.) Ces procès-verbaux seront dressés dans la même forme et avec les mêmes formalités que les procès-verbaux de contravention. (*Circulaire du 3 avril* 1852.)

27 — Pour introduire les vins, objet de la contestation, les redevables devront (*arrêt du 3 avril* 1830) consigner les droits *en numéraire.* Le simple cautionnement ne sera pas admis. (*Ibid.*)

Si les redevables voulaient passer outre, forcer l'entrée, et s'ils introduisaient ainsi des vins sans consigner les droits, ils se mettraient en contravention et on devrait alors verbaliser contre eux. (*Ibid.*)

§ 7. — RÉPRESSION DE LA FRAUDE SUR LA CIRCULATION DES BOISSONS.

28 — Les contraventions aux droits d'octroi peuvent être constatées par un seul préposé. (*Article 75 de l'ordonnance du 9 décembre* 1814.) — Ils font foi en justice jusqu'à inscription de faux. (*Ibid.*)

29 — En matière de contributions indirectes, les préposés d'octroi doivent être au moins deux pour verbaliser. (*Arrêts de la Cour de cassation des 17 novembre* 1820 *et 6 décembre* 1821.)

30 — Toutefois, *les contraventions aux lois* SUR LA CIRCULATION

DES BOISSONS *peuvent être constatées par un seul préposé d'octroi.* (1) (*Loi du 28 février* 1872, *art.* 5.) Mais les actes ainsi dressés n'auront foi en justice que jusqu'à preuve contraire. (*Loi du 21 juin* 1873, *art.* 5.)

Il est donc toujours utile et convenable, au point de vue de la validité des actes contentieux, que les employés continuent à s'adjoindre un collègue pour exercer les surveillances à la circulation. Cependant, l'occasion venant à s'en présenter, un employé seul n'hésiterait pas à constater par procès-verbal un fait de fraude. (*Circulaire du 5 juillet* 1873.)

31 — Il est nécessaire que, pour la constatation des contraventions aux lois sur la circulation des boissons, les employés connaissent les diverses espèces de boissons et liquides dont la mise en circulation est soumise à des formalités et sachent en quoi consistent ces formalités.

Sont soumis aux formalités à la circulation :

1° Les vins, râpés et piquettes, les cidres, poirés, hydromels, vermouth, vins cuits, vins de liqueur ; (2)

2° Les esprits, eaux-de-vie, kirchs, rhums, tafias, genièvres, liqueurs, absinthes, fruits à l'eau-de-vie, élixirs ;

3° Les préparations à base alcoolique, telles que parfums, eaux de senteur, vernis, alcools dénaturés, chloroformes, etc.

32 — Aux termes de la loi, aucun enlèvement, aucun déplacement de ces boissons, de ces liquides, ne peut être effectué qu'en vertu d'une *expédition* délivrée par la régie des contributions indirectes pour régulariser le transport.

33 — Suivant la qualité du destinataire et les conditions qui lui sont faites pour le paiement de l'impôt, cette *expédition* prend le nom de *congé*, de *passavant* ou d'*acquit à caution* ; mais quelle que soit sa dénomination, elle fait connaître :

Le nombre des fûts, caisses ou paniers ;

Les quantités, espèces et qualités des liquides mis en circulation ;

Le lieu d'enlèvement et celui de destination ;

---

(1) On ne perdra pas de vue qu'il s'agit ici de toutes les boissons et non pas seulement des spiritueux.

(2) Sont exempts de toute formalité à la circulation : les *vendanges* (*V. Guide, page 13*), les *bières, eaux de seltz, eaux gazeuses, sirops.*

Les noms, professions et demeures des expéditeurs, ceux des voituriers et ceux des destinataires ;

Les modes de transport qui doivent être successivement employés ;

Les principaux lieux de passage qu'ont à traverser les chargements;

Enfin, le délai dans lequel le transport doit être effectué du lieu de départ au lieu de destination.

34 — Lorsque, par exception, le nom des destinataires n'a pu être déclaré au point de départ, il y a obligation pour le voiturier de faire combler cette lacune par le buraliste du lieu d'arrivée, avant tout déchargement des boissons.

De même si au moment de l'enlèvement il n'a pas été possible d'indiquer le mode de transport à employer ou les lieux de passage à traverser sur telle ou telle partie du trajet, c'est au voiturier à faire compléter à cet égard ses expéditions par le buraliste de l'un des derniers lieux de passage qui ont pu être déclarés.

35 — Il incombe également au voiturier de faire constater, en cours de transport, les accidents qui peuvent apporter quelque modification à son chargement ou les temps d'arrêt qu'il est obligé de subir et qui doivent faire prolonger d'autant le délai assigné pour le transport à destination.

36 — Ainsi, toujours et partout, pour tous les chargements rencontrés sur la voie publique, les porteurs, conducteurs ou voituriers doivent pouvoir représenter une expédition en tous points applicable à leur chargement, et cette expédition ils sont tenus, sous peine de contravention, de l'exhiber, *sans délai*, à toute sommation des employés.

37 — Lorsqu'il ne sera pas possible, en l'absence des instruments de vérification (jauge, alcoomètre), de reconnaître exactement la contenance des fûts ou la force alcoolique des spiritueux, il sera toujours facile de contrôler le nombre des vaisseaux, la nature et l'espèce des liquides, la voie suivie, les moyens de transport employés, et on pourra ainsi constater les principales contraventions aux lois sur la circulation des boissons, savoir :

Les enlèvements et transports sans expédition ;

Les transports en vertu d'expéditions périmées;

Les différences dans le nombre des fûts ou dans la nature des chargements;

Les transports par d'autres voies que celles indiquées aux expéditions;

Les enlèvements de lieux autres que ceux déclarés et les déchargements à une destination autre que celle indiquée.

38 — S'il s'agit de chargements circulant en vertu d'expéditions irrégulières, on doit joindre ces expéditions aux procès-verbaux, après les avoir paraphées *ne varietur*; et pour la continuation du transport on fera délivrer, dans tous les cas, des *acquits à caution* par le buraliste le plus voisin.

39 — En thèse générale, les verbalisants, après avoir déclaré la saisie des chargements, devront en laisser la libre disposition aux contrevenants; ils ne devraient en opérer la saisie réelle, c'est-à-dire retenir les chargements, que s'ils se trouvaient en présence de fraudeurs de profession notoirement insolvables.

40 — Si des contestations s'élevaient de la part des voituriers sur la nature ou l'espèce des boissons saisies, des échantillons devraient être prélevés pour être mis à l'appui des procès-verbaux. Ces échantillons seraient placés sous le cachet des verbalisants, après sommation faite au prévenu d'y apposer le sien.

41 — L'article 2 de la loi du 28 février 1872 astreint les *destinataires* de boissons *spiritueuses* enlevées par acquits à caution et ayant à parcourir un trajet de plus de 20 kilomètres, à produire, pour la décharge des acquits, les lettres de voiture, bulletins de chemin de fer, connaissements, etc., établissant que les transports ont été régulièrement effectués et que les spiritueux présentés sont ceux expédiés des points de déclaration.

Ce moyen de contrôle ne doit être négligé pour aucun transport de spiritueux. Les receveurs doivent relater au verso des acquits l'analyse des lettres de voiture et bulletins de transport présentés par les *destinataires*, c'est-à-dire l'origine et la date de ces lettres de voiture, tant au départ qu'à l'arrivée, le délai qu'elles mentionnent, et enfin toutes les indications utiles.

Dans le cas de contravention, les lettres de voiture, bulletins de transport, connaissements, sur lesquels s'établirait la contravention ou l'irrégularité commise, seront joints au procès-verbal comme pièces justificatives. (*Circulaire du 8 mars 1872.*)

Septembre 1873.

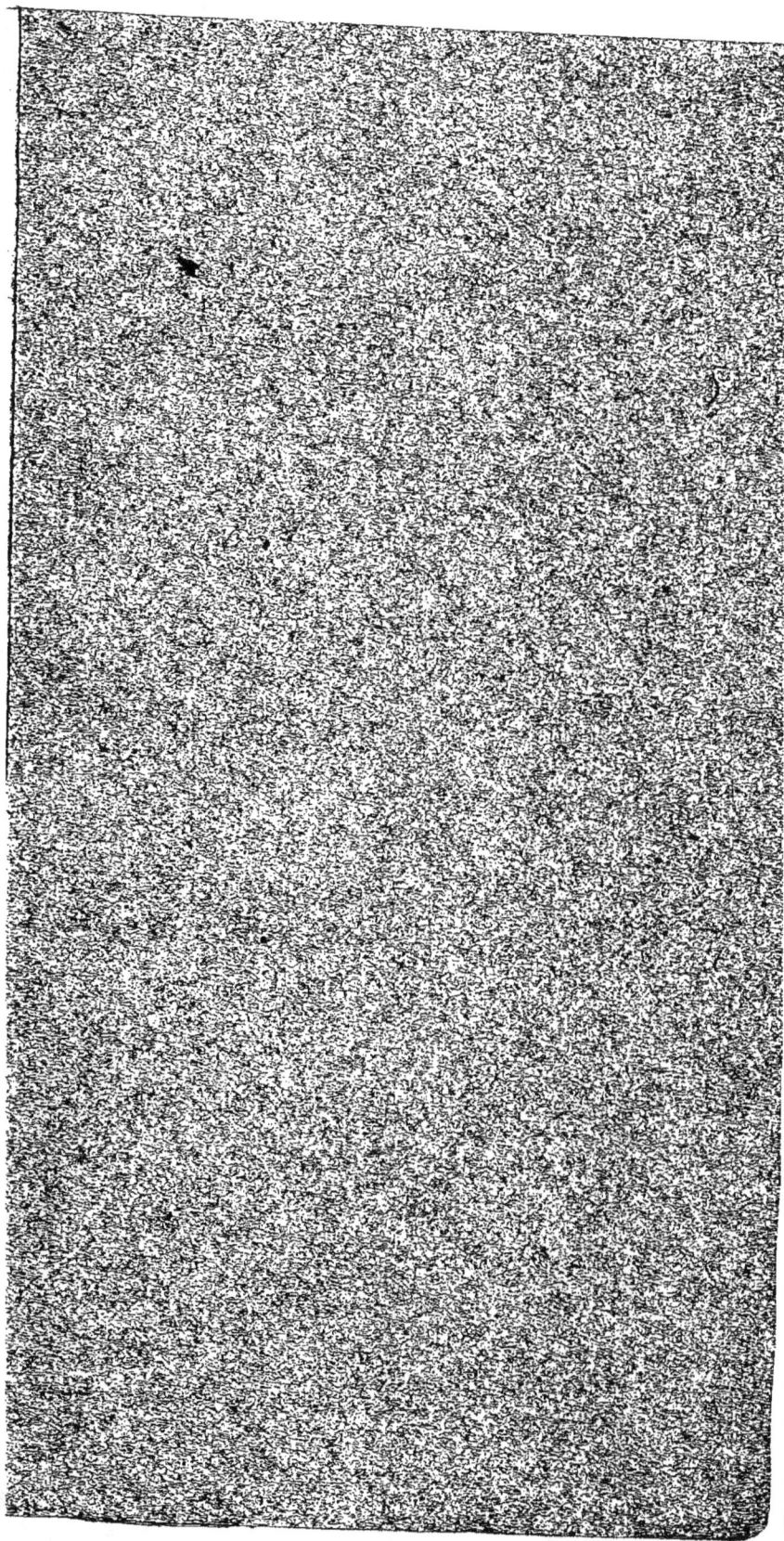

TABLE DE MULTIPLICATION

1	2	3	4	5	6	7	8	9	10	11	12
2	4	6	8	10	12	14	16	18	20	22	24
3	6	9	12	15	18	21	24	27	30	33	36
4	8	12	16	20	24	28	32	36	40	44	48
5	10	15	20	25	30	35	40	45	50	55	60
6	12	18	24	30	36	42	48	54	60	66	72
7	14	21	28	35	42	49	56	63	70	77	84
8	16	24	32	40	48	56	64	72	80	88	96
9	18	27	36	45	54	63	72	81	90	99	108
10	20	30	40	50	60	70	80	90	100	110	120
11	22	33	44	55	66	77	88	99	110	121	132
12	24	36	48	60	72	84	96	108	120	132	144

www.ingramcontent.com/pod-product-compliance
Lightning Source LLC
Chambersburg PA
CBHW050516210326
41520CB00012B/2328